平和憲法の破壊は許さない

——なぜいま、憲法に自衛隊を明記してはならないのか

寺井　一弘
伊藤　真　［著］
小西　洋之

はじめに 「自衛隊明記」改憲の危険性迫る

1 再び戦争をしてはならない

「一瞬にして十五万人もの死傷者を出した長崎原爆の恐怖を、私は今でも忘れることはできません。私たちを苦しめ続けた戦争と核兵器の被害は、長崎を最後にしてほしいと思います」。これは、七三年前に長崎で被爆した牟田満子さんが安保法制違憲訴訟の東京地方裁判所の法廷で陳述された言葉です。そして、長崎原爆被災者協議会の会長で二〇一七年八月三〇日に逝去された谷口稜曄さんは、二〇一五年八月九日の長崎原爆犠牲者慰霊平和祈念式典において次のように訴えました。谷口さんは一六歳で被爆し、「赤い背中の少年」と呼ばれ、全身をさらし原爆の非人間性を最後まで訴え続けられた方でした。

「戦後、日本は再び戦争はしない、武器は持たないと世界に公約した『憲法』が制定されました。しかし、いま集団的自衛権の行使容認を押しつけ、憲法改正を押し進め、戦争中の時代に逆戻りしようとしています。政府が進めようとしている戦争につながる安保法制は、被爆者をはじめ平和を願う多くの人々が積み上げてきた核兵器廃絶の運動、思いを根底から覆そうとするもので、許すことはできません」

戦争こそ何千万人を殺戮《さつりく》し、暴力や差別、言論弾圧を必然的かつ大量に生み出す最大の人権侵害であること、そして、日本国民が戦後七〇年間以上にわたって憲法九条のもとで戦争への道を食い止め続けてきたこと、私たちは、この事実を決して忘れてはならないはずです。

2　安倍政権の暴挙と安倍総理の野望

安倍政権は、二〇一四年七月一日に集団的自衛権行使容認の閣議決定を行い、二〇一五年九月一九日の未明に強行採決によって安保法制を成立させる歴史的暴挙に出ました。この法案については、多くの国民市民はもとより大多数の憲法学者、最高裁判所長官や内閣法制局長官の経験者らが強く反対の声をあげましたが、安倍政権はそれらを一顧だにせず、強行採決したのです。国民主権のわが国において、憲法改正という正規の手続を経ることなく、戦争への道を切り拓く憲法九条の実質的改定が内閣による「解釈改憲」という、前例のない政治的手法によって実現されるに至ったのです。これは、長年にわたって歴代内閣が堅持してきた政府の憲法解釈を犯罪的な手法によって破棄したものであり、完全に立憲主義に背反する暴挙でした。

そして、強行採決から半年、安倍総理は、この違憲の安保法制を二〇一六年三月二九日に施行し、米国との共同訓練の実施や防衛大綱の見直しによる空母の保有など自衛隊の「軍隊」化を押し進め、ついには憲法改正に挑戦することを公言するに至っています。そして安倍総理は国会での改憲派三分の二の議席をバックとして二〇一七年の憲法記念日である五月三日に「二〇二〇年オリンピックの年までに新憲法を施行する」と豪語し、二〇一八年の三月には二〇一二年の自民党改憲草案で「国防軍」と位置づけている自衛隊を憲法に明記するという自民党案をまとめました。これをもとに安倍総理はこの年の通常国会において憲法改正の発議をしようともくろんでいましたが、「森友問題」や「加計問題」などの数々の不祥事により、憲法審査会での議論がまったくできなかったことはみなさんご承知のとおりです。しかし、安倍総理は改憲をどうしても成し遂げたいとして、「今まで以上にすべての人生を懸け、努力を重ねる」などと訴え、昨年の九月に実施された自民党総裁選に立候補し、三選を果たし、新たに三年の任期を手に入れました。これで彼の総理在任期間は戦前も含めて最長となります。

3　憲法改悪の策動

安倍総理は総裁三選を足場に、念願の改憲の発議に向けてさまざまな動きをしてきましたが、一〇月下旬からの臨時国会では改憲シフト人事で抜擢《ばってき》した下村博文自民党憲法改正推進本部長による「野党議員の職場放棄」発言や、相次ぐ閣僚の不祥事などへの対応に追われることになりました。こうした中、一部のマスコミにおいては、二〇一九年の通常国会での改憲は時間的に困難、「レームダック（死に体）同然」の安倍政権においての改憲はきわめて困難となっている、などの論評を展開するところとなりました。

しかし、ここに来て、衆参で三分の二を超える現有勢力の改憲派を利用して本年夏の参議院選挙前に改憲の国会発議を強行してくる危険性がきわめて高く、場合によってはそのための国民投票を参議院選挙と同じ日に実施する可能性も大きいという情報に接することになりました。そして安倍総理は昨年一二月の臨時国会が終わった後の記者会見で「二〇二〇年の新憲法施行という目標は今もその気持ちに変わりはない」と公言しました。

私たちは、近代立憲史上にも例がない憲法破壊を強行した安倍総理の手によって、国のあり方を根本的に転換させる改憲を強行することはいかなる意味でもあり得ないと考えていますが、安倍総理が残りの三年間の任期中に改憲を図るにはこの時期しかないとみられること、安保法制はもとより、特定秘密保護法から二〇一八年末の入管法改正までの国会における一方的、独善的な強行採決、直前の県知事選挙で顕著に示された沖縄県民の総意を無視した昨年一二月一四日の辺野古沿岸部への土砂投入の強行などという政治手法に鑑《かんが》みますと、こうした画策を現実的なものとして警戒しなければならないとの認識を強くしています。

4　今こそ求められる国民の立ち上がり

そこで私たちは、この危機的な状況を広く国民のみなさんに訴えて安倍総理による狂暴な改憲策動を阻止していくためにはこの半年が文字どおり勝負の時と考えて、『平和憲法の破壊は許さない』というこの小冊子を刊行することにいたしました。安倍総理による「自衛隊明記」改憲の法的な意味や社会への恐るべき影響、そもそも解釈改憲はなぜ平和憲法の破壊であるのか、私たちの平和憲法にはどのようなかけがえのない価値があるのかなど、改憲阻止と平和憲法の堅持のための最重要の論点についてわかりやすくご説明するものです。安倍総理は一年半後に迫った「東京オリンピック・パラリンピック」に国民の関心を誘い、集団的自衛権の行使を容認した安保法制の下の自衛隊の「軍隊」化を覆い隠し、さらには、「新しい国づくり」と称する改憲を一気に強行することを必死にもくろんでいますが、これらの暴挙を決して許してはならないと考えております。国民、市民のみなさんにこの恐るべき事態を知っていただき、自らの手で世界に誇るべき平和憲法を守って、「戦争をしない国づくり」を実現するために立ち上がっていただきたいと心から願っております。

第一章　「自衛隊明記」改憲が強行される具体的根拠

二〇一九年夏の参議院選挙の時期に、必ず、安倍総理は「自衛隊明記」改憲を強行してきます。「憲法改正を実現することは自分の歴史的使命」と宣言する政治家である安倍総理が強行してこないわけがないと、私たちは確信しています。

その理由として、次のような点があげられます。

1　二〇一九年参議院選挙で改憲派が三分の二を割り込む可能性がある

自民党総裁としての任期を三年残している安倍総理にとって改憲は、今しかチャンスがないとみています。二〇一六年の参院選により、戦後初めて衆参両院で改憲勢力が三分の二以上となりました。しかし、私たちの試算では参議院の改憲派は約一七〇名、全体二四二名の三分の二以上は一六二名ですから、来年の参院選挙で一〇名程度減少するだけで、参議院での改憲派は三分の二を割ってしまいます。つまり、現在の参議院での改憲勢力の優位は、二〇一三年参院選の野党大敗北（一人区で二勝二九敗）のためであり、野党がその改選期である来年の参院選において二〇一六年参院選並みの戦績（一人区で一一勝二一敗）などであれば（二人区以上の野党議員の当選を含めて）、参院改憲派は三分の二を割り込むことになるのです。

したがって、安倍総理にとって確実に改憲発議ができる機会は二〇一九年の参院選の前しかないと言っても過言ではなく、これを逃すと永久に発議ができなくなるリスクを抱えているのです。

2　改憲発議を行う時間は十分にある

現在、「本年は、四月三〇日に天皇退位、五月一日に天皇即位があり、参院選前に国論を二分するような改憲論議はできないのではないか」といった指摘もなされています。ただこれについては、本年のゴールデンウィーク明けの五月七日以降に安倍総理が「新しい天皇の御代《みよ》で新しい国造りをしよう！　来年には東京オリンピックもある。この通常国会で憲法改正の発議を行おう！」と記者会見で改憲を宣言し、衆参の憲法審査会を動かせば、六月下旬の会期末までに改憲発議は十分に可能と考えられます。

そして、この会期末までに審議日程が足りない場合、二〇一五年安保国会の時のように通常国会の会期を延長すれば、最大で、二〇一九年改選の参議院議員の任期満了日である七月二八日まで現有の三分の二以上の勢力での発議のチャンスがあります。そして、この会期延長の手段をとる場合、国会法と、公選法および国民投票法の定めによって、最も遅いスケジュールとして、六月二七日以前の発議によって国民投票運動の最低期間である六〇日以後の八月二五日に改憲の国民投票と参院選投票の「同日投票」が可能となります（通常国会の会期延長により、七月二八日から八月二五日までの各日曜日を参院選投票日とすることができます）。

もちろん、発議の際に国会の議決によって八月二五日以降の国民投票日を定めれば、「改憲発議の後に、先に参院選の投票を行い、その後に改憲の国民投票を行う」ことも可能です。さらには、安倍総理の判断次第で、衆院解散による衆院選・参院選・国民投票の「トリプル投票」も可能となります。改憲と参院選などを同じタイミングで行うことは、二〇一九年一〇月一日からの消費税増税などを選挙の争点から覆い隠すことができますし、参院選などの選挙運動と国民投票運動を相乗させることができるので（国民投票のビラを参院選などのビラと一緒に配布する、あるいは、参院選などのビラに改憲の訴えを書くこともできる）、資金力と運動力に勝る与党・改憲派に有利に働くのではないかと考えられます。

3　改憲の現実的危機が迫っている

第二章でご説明するように二〇一八年三月に決定された自民党の自衛隊明記案は、「九条を上書きして死文化し、自衛隊を普通の軍隊と同じ存在にしてしまう改憲案」です。さすがに、「平和の党」を標榜《ぼう》する公明党がこれに賛成することは難しいでしょう。しかし、同じく第二章でお示しするように安倍総理が主張する「歴代政府の九条解釈を維持し、内閣統制下の自衛隊を明記するだけの改憲案」をつくることは法技術的には可能なことなのです。

つまり、二〇一九年通常国会の二月から四月にかけて、「九条上書き・死文化」案である自民党改憲案を憲法審査会に提出し、野党やマスコミなどからの批判を受けて、自民党本部に持ち帰って議論して修正し、再度提出してまた修正を行うことを繰り返して最終的に「自衛隊を明記するだけ」案を取りまとめれば、その際には、公明党などは「我々の指摘のお陰でまともな案となった」などとして、五月以降の最終案の審議とその発議に賛成するのではないかと危惧されます。これはまさに、二〇一四年の「解釈改憲」の際に生じたプロセスであり、こうしたやり方であれば公明党は四月七日および二一日の統一地方選においても「安倍改憲の歯止めとして奮闘する姿」を見せることができるのではないでしょうか。そして、このような過程であっても二月からの憲法審査会での審議であるならば、後々の発議の際には安倍総理らによって「十分な審査会での議論がなされた」と容易に強弁されてしまうでしょう。

重要なことは、改憲発議が強行された場合に、国民は六〇日以後一八〇日以内に国民投票を行わざるを得ず、改憲発議に至るまでの手続的問題などは国民投票によって政治的・社会的に事実上不問に付される、つまり、改憲発議は安倍総理による「やった者勝ち」だということです。また、制度上は、「衆議院憲法審査会の会長が改正原案を審査会にいきなり提案して、その場での審議を省略して直ちに採決し、本会議に上程して一気に三分の二以上で採決を行い、参議院に送付し、参議院憲法審査会でも多数決をもって審議省略を決して直ちに採決して、一気に本会議採決を行う」という「会長提案」による改憲発議も可能です（法律では「委員長提案」としてよく行われている手法です。なお、参議院憲法審査会の会長提案から始めることも可能です）。改憲の危機は、安倍総理がやるかやらないかを決断するだけのところまで来ていると覚悟するべきではないでしょうか。

4　重要な世論動向

残念ながら、各報道機関の世論調査によれば、自衛隊明記改憲は賛成派が上回っている傾向にあります。東日本大震災や毎年の災害時の自衛隊員の懸命の救助活動、復興支援などに多くの国民の共感が寄せられ、「現行の九条解釈が何も変わらないのであれば自衛隊を明記してもいいのではないか」、「それよりも、災害救助などで懸命に頑張ってくれている自衛隊員が違憲の存在などと批判されることは気の毒だ」といった素朴な思いや感情、それに対する共感は相当の広がりがあるのではないかと思われます。

なお、安倍総理や自民党が発議を強行する時は、当然、国民投票での勝利を算段したうえでの決断となります。これまで、衆議院選挙三連勝、参議院選挙二連勝という、歴代総理を圧倒する戦績を誇る安倍総理は、改憲の国民投票でも、あらゆる手段を講じて勝てる情勢を自ら作り（六月末の大阪でのG20首脳会合を機会に日露の平和条約締結も企図しています）、勝てるタイミングで勝負を仕掛けてくるはずです。つまり、安倍改憲との闘いは「発議をされれば負け」との覚悟で臨む必要があるのです。

5　立憲史上、最悪の総理とならないために

第三章でご説明するように、集団的自衛権行使を容認した「解釈改憲」による安保法制は明らかな違憲立法です。違憲の法律は何年経っても、何度国政選挙を行おうとも違憲無効のままです。なぜなら、「集団的自衛権行使で、自衛隊員や国民が死ぬことがあってもやむを得ない」という

主権者・憲法改正権者である国民の意思決定、すなわち国民投票による改憲がない限り、自衛隊や国民を安倍内閣と自民党議員らが制定した安保法制の運用で殺してしまうことは絶対に許されないからです。これこそが、憲法で権力を制限し国民の生命や自由を守る立憲主義の立憲主義たるゆえんです。だからこそ、さすがの安倍総理も、「法令の解釈は、論理的になされるべきものであり、論理を離れて、『国政選挙の結果』によって左右されるというものではない」（憲法解釈と国政選挙の関係に関する質問に対する答弁書（平成二六年一一月二八日））と答弁しています。

つまり、安倍総理にとって「自衛隊明記」の改憲は、改憲という政治家としての悲願達成のみならず、総理退任後に備えて、違憲立法の安保法制を合憲化し、「憲法破壊」という自らの罪を無かったことにしておくための唯一かつ必須の手段なのです。

6　改憲シフト人事と初の憲法審査会「職権開催」

実は、安倍総理はこうした改憲をめぐる情勢や条件をよく理解していて、二〇一六年参院選以降、自ら改憲の動きを主導してきました。二〇一六年の秋の臨時国会での衆院憲法審査会においては、自民党を代表して中谷元議員が「どのような（注・改憲の）テーマについて議論をしていくかにつきましては、現段階におきましては白紙」と明言していましたが、その後、憲法審査会での議論が進まないことに業を煮やした安倍総理は、翌年二〇一七年五月三日に「二〇二〇年に自衛隊明記などの改正憲法を施行する」ことを宣言し、自民党内での改憲議論を進め、二〇一八年三月に自民党改憲四案をまとめたのです。

そして、改憲のため「今まで以上に全ての人生を懸ける」と宣言して臨んだ二〇一八年九月の自民党総裁選で勝利してからは、二〇一九年の改憲発議を目指して、党本部と衆参憲法審査会について自らの側近を中心とした「改憲シフト」の人事を行っています。まず、改憲案の最終決定を行う自民党総務会の会長に加藤勝信元厚生労働大臣を任命し、憲法改正推進本部長に下村博文元文部科学大臣を、同本部最高顧問に「解釈改憲」と安保法制を主導した高村正彦元副総裁を任命しています。そして、衆議院の憲法審査会では中谷元、船田元議員ら「憲法族」と称される野党との対話路線派の議員を幹事から一掃して、筆頭幹事に新藤義孝元総務大臣を就任させ、参議院の憲法審査会においても国会運営の実力者である石井準一議員を幹事に登用するなど、露骨な改憲シフト体制が敷かれています。

二〇一八年の臨時国会では下村議員の「野党議員の職場放棄」発言などがあり、安倍総理が企図していた国民投票法改正案の審議と自民党改憲案の提示は行われませんでした。しかし、一一月二九日には衆院憲法審査会が立憲民主党、国民民主党などの野党の反対にもかかわらず、会長の職権により開催されています。衆院憲法審査会が会長の職権で開かれたのは二〇〇七年の憲法審査会設置以来、これが初めての「事件」なのです。憲法審査会といえども、国会法上は安倍政治下で強行採決等が連発されている他の委員会と特別の違いはなく、その運営は会長の職権で行うことができます。憲法審査会については、「憲法は将来に野党が政権を担っても続くものであるから」などの共通理解により与党第一会派（自民党）と野党第一会派などの合意により運営されてきたのですが、その伝統がついに破られる事態が生じているのです。私たちは来たるべき安倍改憲の強行の布石と見るべきと考えています。

7　改憲を強行しない理由はない

以上、安倍総理の政治家としての存念《ぞんねん》かつ悲願である改憲は、①本年参院選前の発議でなければ機会を失う十分な可能性があり、一方で、②発議を行うことは政治的にも時間的にも十分可能であり、かつ、③現状では発議に持ち込みさえすれば改憲が成立する相当の可能性が見込めるものであり、そして、④前述したとおり改憲をして辻褄《つじつま》を合わせておかなければ退陣後に「憲法を破壊した総理」として歴史に汚名を残すことから、安倍総理は何が何でも二〇一九年通常国会で改憲を強行してくると考えざるを得ないのです。

より端的にいえば、違憲立法の制定や議会政治の破壊などあらゆることを強行している安倍総理が、自らの存在意義である改憲をこの千載一遇《せんざいいちぐう》の機会に強行してこないはずがないのではないか、こうした危機感を広く社会で共有し、一刻も早く次章以下で述べるよりいっそうの改憲阻止の国民運動を起こしていく必要がある、そして、それは、今年の参院選において改憲派に三分の二を割らせるために、そして何よりも、平和憲法の死守と立憲主義・民主主義の回復のために必須の取り組みをすることであると私たちは考えています。

第二章　憲法への「自衛隊明記」は何を意味するか

安倍総理の二〇一七年五月三日改憲発言を受けて、自民党憲法改正推進本部では、二〇一八年三月二四日に次のような具体的な条文案をまとめました。

第九条の二

（第一項）前条の規定は、我が国の平和と独立を守り、国及び国民の安全を保つために必要な自衛の措置をとることを妨げず、そのための実力組織として、法律の定めるところにより、内閣の首長たる内閣総理大臣を最高の指揮監督者とする自衛隊を保持する。

（第二項）自衛隊の行動は、法律の定めるところにより、国会の承認その他の統制に服する。

1　自衛隊の憲法明記の危険性

一見、現状を追認するだけのように見えるこの規定には、いくつもの問題点を指摘できます。まず、形式として現在の九条一項、二項に三項を書き加えるという方法をとらずに、九条の二という新たな条文を追加する方法をとっています。これは、「九条には一切手を付けていません。安心してください。何も変わりませんから」と言いやすくするためと思われます。しかしながらこれにより、この国のかたちは以下に述べるとおり、まったく変わってしまいます。

(1) 自衛隊違憲論の立憲主義的意義

安倍総理は、自衛隊への国民の信頼が九割を超えると主張します。しかし、この信頼の多くは災害救助隊としての自衛隊の実績によって培ったものでしょう。武装集団としての自衛隊とは区別しなければなりません。武装集団としての自衛隊に対しては、学説においても従来から九条二項が禁止する「戦力」にあたるとする違憲論が有力でした。原爆投下や特攻隊などの戦争の惨禍《さんか》のもとに制定された憲法は、武装集団としての自衛隊に正面から正統性を与えてはいません。自衛隊を違憲とみなすか否かは別にしても、自衛隊を憲法に明記しないことには、立憲主義的意義があります。

みなさんご承知のとおり、憲法で権力を統制しようとするのが立憲主義です。そして、武装集団としての自衛隊に明文による正統性を与えないことは、それが違憲かもしれないと国民から指摘を受けることによって、九条の外の存在になり得るものとして、自衛隊に緊張感を与えてきました。常に、専守防衛のための組織かどうかが問われ続けてきたのです。そうすることで、戦前のような武力侵略や軍事優先の政策、ひいてはそういう社会的ムードの醸成や反戦思想の取締りへの歯止めとなり、自由な社会の下支えをしてきました。こうして、九条と矛盾するように見える自衛隊をあえて憲法に書かないことにより、自衛隊を統制してきたのです。

逆にもし、自衛隊を疑いもなく合憲とし、このような緊張関係をなくしてしまえば、政府はより自由に自衛隊を利用できるようになります。自衛隊の憲法明記にはそのようなねらいがあるとみてよいでしょう。

（2）九条二項の空文化

新条項は、九条二項の例外として挿入されるので、戦力の不保持・交戦権の否認は引き続き自衛隊を拘束するかのようにも見えますが、これにより以下のように九条二項を削除するのと同じ結果となります。

まず、そもそも法の世界には「後法は前法を破る」というローマ法以来の原則があります。たとえ前法である九条一項、二項をそのまま置いておいたとしても、後法である九条の二が優先することになります。あたかも九条の二によって九条が書き換えられたのと同じ効果を持つのです。すなわち、新条文は、ここで明記された自衛隊に対しては、九条二項の適用除外規定として働くことになり、戦力の不保持・交戦権の否認は自衛隊に及ばないことになるのです。

また、この改憲案では「必要な自衛の措置をとることを妨げず」と規定されています。そのためエネルギーや食の安全など「国民の安全」という名目があれば、国は必要な措置として交戦権を行使できることになります。そして、「自衛隊を保持」と明記されることで、憲法上の組織に格上げされ、民主的正統性を背景にした強い権威と独立性を持つことになるため、自衛隊がつかさどる「国防」の名のもとにあらゆる人権制約ができることになりかねません。

たとえ公明党が提起している懸念に対する対策として「必要最小限度の自衛の措置」という定

め方をしても、その言葉はいかにも曖昧《あいまい》です。どこの国でも、軍隊は防衛のため必要最小限度なのであり、いったん憲法に定められれば、普通の軍隊を持つのと変わりなく、まさに戦力の保持を認めることになります。

結局は、たとえ「必要最小限度」としたとしても、「戦力の不保持・交戦権の否認」を定めた九条二項が上書きされ削除されたのと同じことになるのです。

(3) 九条二項の死文化を避ける案

一方で、自民党内の議論では、安倍総理らの主張どおり、「歴代政府の九条解釈を維持したまま、内閣統制下の自衛隊であることを明記する」案も提案されていました。すなわち、

第九条の二

前条の範囲内で、我が国の平和と独立を守り、国及び国民の安全を保つため、法律の定めるところにより、行政各部の一つとして、自衛隊を保持する。

とするものです。

たしかに、「前条の範囲内」とすることで九条が上書きされ削除されるのを避けられているようにみえます。しかし、以下に述べるように、自衛隊を憲法に明記することによるさまざまな弊害は、そのまま残ることになります。そして、そもそも、自衛隊を明記したとしても、違憲の疑

いは払拭《ふっしょく》されません。自衛隊がなぜ違憲の存在と指摘され得るのかといいますと、自衛隊の現実の装備や活動などが戦力不保持、交戦権否認という禁止規範（九条二項）に抵触し得るためです。これを違憲と指摘されないようにするには、大前提となる禁止規範を変更するしかありません。つまり、法的規範としての意味そのものの九条二項を変更し、戦力保持を許すか、例外を認めるしかないのです。よって「何も変わりません」とすることと、「自衛隊の違憲の疑いをなくす」とすることは両立しないのです。

（4）社会の軍国主義化

自衛隊の憲法明記が、憲法改正の国民投票により承認されれば、自衛隊という「軍隊」に民主的正統性が与えられます。しかし、そこにいう自衛隊は、かつての自衛隊ではありません。二〇一五年九月に安保法制が成立した後の「集団的自衛権を行使し、アメリカの戦争に加担し、他国で武装勢力と戦闘する自衛隊」、もっといえば、海外で「人を殺し、殺される」自衛隊なのです。国民投票による承認には、日本国民がそういう「他国の軍隊と変わらない」自衛隊を望むという意味があるのです。それを受けて政府は、この「軍隊」をしっかりしたものにするために、自衛隊の活動範囲を広げ、防衛費を増加させ、軍需産業を育成し、武器輸出を推進し、自衛官の募集を強化し、国防意識を教育現場で強制し、大学等に学問や技術の協力を要請する等、高度国防国家を実現していくことにより、社会のすみずみまで軍国主義化していく危険があります。

現行憲法に規定されている組織は、国会・内閣・裁判所・会計検査院だけです。それが憲法改正国民投票という手続によって、自衛隊は直接、主権者・国民の意思で憲法上の組織に位置づけられることになります。「内閣の首長たる内閣総理大臣を最高の指揮監督者とする自衛隊」と規定されることから、総理大臣による文民統制が及ぶようにみえますが、逆にこの規定は総理大臣が自由に自衛隊を動かす根拠規定にもなり、あたかも戦前の統帥権が復活したかのようできわめて危険です。さらに、これまでの控えめで抑制的だった自衛隊が、高い権威と独立性を与えられ、軍備の増強、軍事費の拡大、自衛官募集などさまざまな場面で積極的に前面に出てきやすくなるでしょう。

小・中・高校の教室で制服を着た自衛官が国防や安全保障の授業をしたり、Jアラートが鳴ったときの避難訓練を自衛官が指導したりするようにもなるでしょう。戦前のように制服を着た自衛官が町中を闊歩《かっぽ》する社会になります。国民の直接の意思によって承認された憲法上の組織なのだからという理由で、こうした事態を誰も批判することができなくなるおそれがあります。批判する人を「非国民」呼ばわりする風潮も出てくるかもしれません。

自衛隊明記の改憲が外国にどう受け止められるかも考えておく必要があります。すなわち、自衛隊明記により、日本は憲法改正して「軍隊」を持ったと認識されます。そのことが、中国や韓国などの近隣アジア諸国、中東のイスラム諸国などからどう見られるのでしょうか。日本は内外ともに、軍隊を持つ普通の国防国家となってしまうでしょう。しかし、「平和国家」というブランドをそんなに簡単に放棄していいのでしょうか。私たちには国民のみなさんにそのような覚悟が本当にあるとは思えないのです。

（5）国防のための人権制約

新条項によって、人権は国防目的で容易に制約されます。

現行憲法は、議論はあるものの、「公共の福祉」による人権制約を認めています。ただ「公共の福祉」という言葉は曖昧《あいまい》なので、人権を制約する際には、その内容を具体的に明らかにしなければなりません。ですから、現状の平和主義憲法のもとでは、そこに憲法上の要請とはいえない「国防」を含めて理解することは困難といえます。

ところが、新条項には「我が国の平和と独立を守り、国及び国民の安全を保つため」、すなわち国防という概念を明記しています。国を守ることが、憲法が認める重要な価値の一つとなるのです。その結果、「国防」の名のもとに、思想が統制され、言いたいことが言えず、学問研究や宗教も国防の犠牲になり、国防のために逮捕・勾留される……そのような、自由が抑圧される国へと向かうでしょう。象徴的には徴兵制が可能になります。これまでは「意に反する苦役」を禁じる憲法一八条違反として徴兵制は違憲と解釈されていましたが、国防が憲法上の要請となると、国防のためにこの一八条の人権も制限することが許されることになります。

（6）憲法明記の立法事実

法を改正する際には、「そのような改正が必要で合理的である」という事実が求められます。これを「立法事実」といいます。しかし、自衛隊の憲法明記については、安倍総理からはもちろん自民党からも、明確な立法事実は示されていません。そこでそれを推測すると、第一に、自衛隊の士気を高めることがあげられます。自衛隊が合憲であることを憲法上明確にすることによって自衛官の士気を高め、抑止力を高めることです。第二は、憲法と現実との食い違いをなくすことです。憲法で、「陸海空軍その他の戦力は、これを保持しない」（九条二項）と定めているのに、自衛隊を保持するのは、憲法の定めと現実とが食い違っており、これを放置すれば、立憲主義から問題があるということです。

しかし、私たちには、そのような立法事実が十分なものとは思えません。

第一に、専守防衛の自衛隊は国民によって広く受け入れられており、憲法にあえて書き込まなくても、自衛隊員には十分な士気が保たれています。隊員は、日々使命感を持ってわが国の防衛や災害救助などの任務にあたっており、憲法に明記されていないからといって、やる気をなくす自衛隊員がいるとは思えません。「違憲と言われて可哀想」という感情論で自衛隊員を評価することは、槇智雄《まきともお》初代防衛大学校長の訓示で示された「服従の誇り」を旨とするプロへの敬意を欠く態度であり、憲法改正という重大課題の根拠にはなりえません。

第二に、憲法と現実との食い違いについても、自衛隊創設時の一九五四年一二月の鳩山一郎内閣統一見解によれば、自衛のための必要最小限度の実力組織を保有することまでは妨げられていないのであり、自衛隊はその範囲内のものとして憲法規範の枠内にある、とするのが政府見解です。政府見解による限り、自衛隊を憲法上明記せずに保有しても、立憲主義に反することはありません。

2 安倍総理の民主主義、立憲主義に対する不誠実な態度

改憲は言うまでもなく何かを変えたいために行われるはずですが、安倍総理はこの自衛隊明記の改憲によって何も変わらないといいます。それならば、そもそも多額の費用をかけてまで改憲する必要などないのではないでしょうか。

先に述べたように「違憲の疑いを払拭《ふっしょく》するための改憲」と、「何も変わらない」は両立しないのですから、いくら改憲への警戒感を除去したいとしても、これを両立するかのごとく主張して改憲を進めることは、民主主義、立憲主義に誠実な態度とはいえません。

安倍総理には国民に十分に説明し、理解してもらい、国民的議論を経たうえでの改憲という発想と姿勢がまったくないように見受けられます。むしろ、国民が問題点に気づかないうちに、さっとやってしまえという考えではないのでしょうか。これまで、特定秘密保護法、戦争法の安保法制、共謀罪などの重要法案が強行採決された時と同じように、自分たちの主張が正しく、国民はそれに従えばよいという発想が見え隠れします。まったく内容の異なる改憲項目を四つ同時に発議しようとしている点でも、国民的議論を尊重する態度とはとてもいえません。自衛隊明記、緊急事態条項、人口比例選挙の否定、教育環境整備の四項目はどれも重要項目であり、国民が賛否の意見を持てるほどにそれぞれの問題点を理解するには、発議されてからの最低六〇日では到底足りないからです。

3　むすび

こうしてみてきますと、自衛隊の憲法明記の本当の狙いは、政府が、憲法が定める軍隊への統制から逃れ、世界で自由に自衛隊を実質的な軍隊として使いたい、民意を背景に安保法制の違憲の疑いもなくし、軍需産業を通じて経済的にも発展したいということにあると思われます。要するに、実はただ、武力を行使できる「強い国」になりたいだけなのです。

改憲に賛成する政治家たちは、「何も変わりません。現状のままです」と言い張るのかもしれません。しかし、新条項は、先に見たように自衛隊という名の「軍隊」を持てるようにするものであり、九条の実質的な全面廃止です。一部では、自衛隊の憲法明記が、改憲への国民の戸惑《とまど》いをぬぐい去るための「お試し改憲」とする指摘もありました。しかしこれは、単なる自衛隊明記による「お試し改憲」などではありません。自衛隊明記という言葉に惑わされ、災害救助で頑張っている自衛隊が可哀想という感情論に流されてはなりません。私たちは、憲法九条が実質的に死文化し、自衛隊が憲法上の組織に格上げされた「後」について、想像力を十分に働かせる必要があります。現行憲法の徹底した積極的非暴力平和主義の理想を捨て去ってしまってよいはずはないのです。

第三章　解釈改憲と「自衛隊明記」改憲による憲法破壊の手法

この章では、安倍総理の主張する「自衛隊明記」の改憲が、その改憲案の内容のいかんにかかわらず、そして、安倍政権への支持・不支持、安保法制への賛否、自衛隊が他国と同様の軍隊組織であるべきか否かなどあらゆる主義主張の違いを超えて、日本国民である限り絶対に許してはならない暴挙であることを説明したいと思います。

国民のみなさんは憲法改正権を行使して国のあり方を決めることができる主権者です。そのみなさんの誰であっても「絶対に許してはならない改憲」などというものがあるのか？　と疑問に思われるかもしれません。しかし、「ある」のです。実は、安倍総理が二〇一四年に強行した九条の解釈改憲は「昭和四七年政府見解の曲解」という法論理ですらない虚偽（不正行為）によるものであることが、二〇一五年安保国会を通じて明らかになっているのです。

かの森友学園問題では、財務省は決裁文書を物理的に改ざんし国会提出していたことが発覚し、世間を驚愕《きょうがく》させました。しかし、それに先立つ二〇一四年の解釈改憲も、かつて内閣法制局が国会に提出した「昭和四七年政府見解という九条解釈の決裁文書」を物理的な改ざんではないもののその中身を曲解し、そこにあるはずもない「九条解釈の基本的な論理」なるものを捏造《ねつぞう》した「決裁文書の改ざん事件」なのです。そして、安倍総理の唱える「自衛隊明記」の改憲は、この解釈改憲の虚偽によって再度国民を騙《だま》して行う「嘘つき改憲」となり、主権者の意思を正しく問うことができない正統性の欠如したものとなっているのです。

つまり、安倍総理による解釈改憲・安保法制は憲法破壊行為であり、そのため、安倍総理の唱える「自衛隊明記」改憲も許されるはずもない「壊憲」になってしまうのです。これは、日本国民が、法治国家と民主主義社会を維持しそれを子孫に引き継いでいくためには、誰もがその真実から目を背けることが許されない、絶対に許してはならない暴挙なのです。このことは、「自衛隊明記」の改憲が第二章一八頁にお示しした「九条に対して法的な影響を与えず単に自衛隊の存在を明記するだけの案」、すなわち、「歴代政府の九条解釈を維持し内閣が統制する自衛隊を明記するだけの案」となった時に、それでもそうした改憲が絶対に許されない暴挙であることを主張するための重要な論拠となり、安倍改憲を阻止するための最強の武器となるものなのです。

1　安倍内閣による解釈変更の合憲論拠の意味

まずは、「安倍総理の解釈改憲とは何か、それはなぜ絶対の違憲であるのか」について説明します。安保法制が違憲であることの論拠はさまざまありますが、これは安倍政権の合憲論拠を真っ正面から論破するとともに、それが「法解釈ですらない不正行為」という点で異次元の暴挙であることを立証する重要なものです。安倍内閣以前のすべての内閣は、「集団的自衛権の行使を憲法上認めたいという考え方があり、それを明確にしたいということであれば、憲法改正という手段を当然とらざるを得ないと思います。したがって、そういう手段をとらない限りできない」

(角田禮次郎内閣法制局長官昭和五八年二月二二日)など、九条の条文を変えない限り集団的自衛権行使は不可能であると答弁していました。それを安倍内閣は解釈変更だけで可能としました。

しかも、この解釈変更の合憲論拠として、安倍政権が二〇一四年七月一日閣議決定に明記しその後の国会答弁で主張しているものはただ一つしかありません。それは、「昭和四七年政府見解という九条解釈の決裁文書の中に、作成者である吉國内閣法制局長官らの手によって集団的自衛権行使が合憲と書き込まれている。つまり、もともと合憲だったのだ。」という主張です。昭和四七年政府見解とは、集団的自衛権行使は九条違反とする代表的な政府見解の一つですが、安倍政権はその結論を無視し真逆の主張をしているのです。えっ、安倍総理はそんな主張をしていたのか？　と驚かれる方も多いと思います。実際に七・一閣議決定の文章と政府答弁(四五頁以下)から確認してみましょう。

まず、七・一閣議決定の中で、集団的自衛権行使が合憲との理由を述べている部分をご覧下さい。やや専門的になりますが、とても大切な点です。最初の「(1)」に「政府の憲法解釈には論理的整合性と法的安定性が求められる。したがって、従来の政府見解における憲法第九条の解釈の基本的な論理の枠内で、……論理的な帰結を導く必要がある」としています。これは、安倍内閣として解釈変更を行うに当たって守るべきルール(法原理)を設定したものであり、「歴代政府の九条解釈の『基本的な論理』の枠内の解釈変更であれば合憲であり、それを超える解釈変更であれば、それは政府の憲法解釈の論理的整合性と法的安定性を逸脱するものとして許されない」という意味です。このような法原理は、立憲主義の観点からも一定の妥当性が認められます。

しかし、問題は、「安倍内閣の考える歴代政府の九条解釈の『基本的な論理』とは一体何なのか？」ということです。次の「(2)」の中で、安倍内閣が考えるこの九条解釈の「基本的な論理」なるものについて、「憲法第九条はその文言からすると、……外国の武力攻撃によって国民の生命、自由及び幸福追求の権利が根底から覆されるという急迫、不正の事態に対処し、国民のこれらの権利を守るためのやむを得ない措置として初めて容認されるものであり、そのための必要最小限度の『武力の行使』は許容される」との部分が「基本的な論理であり」と述べています。

そして、この「基本的な論理」の所在については、「昭和四七年一〇月一四日に参議院決算委員会に対し政府から提出された資料『集団的自衛権と憲法との関係』に明確に示されている」としています。これが「昭和四七年政府見解」と通称されているものであり、たしかに図1（三〇頁）の写真の内閣法制局が保管している昭和四七年政府見解の手書きによる起案文書（原義）にも同一の文言が記載されています。

すなわち、安倍内閣は、七・一閣議決定において、昭和四七年政府見解の中にすでに限定的な集団的自衛権行使を許容する歴代政府の九条解釈の「基本的な論理」が存在しているのだと明記しているのです。

■七・一閣議決定抜粋（下線、太字、一部省略の処理は筆者による）

3　憲法第九条のもとで許容される自衛の措置

(1)……政府の憲法解釈には論理的整合性と法的安定性が求められる。したがって、従来の政府見解における憲法第九条の解釈の基本的な論理の枠内で、国民の命と平和な暮らしを守り抜くための論理的な帰結を導く必要がある。

（2）憲法第九条はその文言からすると、国際関係における「武力の行使」を一切禁じているように見えるが、憲法前文で確認している「国民の平和的生存権」や憲法第一三条が「生命、自由及び幸福追求に対する国民の権利」は国政のうえで最大の尊重を必要とする旨定めている趣旨を踏まえて考えると、憲法第九条が、わが国が自国の平和と安全を維持し、その存立を全うするために必要な自衛の措置を採ることを禁じているとは到底解されない。一方、この自衛の措置は、あくまで外国の武力攻撃によって国民の生命、自由及び幸福追求の権利が根底から覆されるという急迫、不正の事態に対処し、国民のこれらの権利を守るためのやむを得ない措置として初めて容認されるものであり、そのための必要最小限度の「武力の行使」は許容される。これが、憲法第九条のもとで例外的に許容される「武力の行使」について、従来から政府が一貫して表明してきた見解の根幹、いわば基本的な論理であり、昭和四七年一〇月一四日に参議院決算委員会に対し政府から提出された資料「集団的自衛権と憲法との関係」に明確に示されているところである。

この基本的な論理は、憲法第九条の下では今後とも維持されなければならない。

2　昭和四七年政府見解の「外国の武力攻撃」の曲解

では、前記の「基本的な論理」のどこに限定的な集団的自衛権行使が合憲であると読み取ることができるのでしょうか。

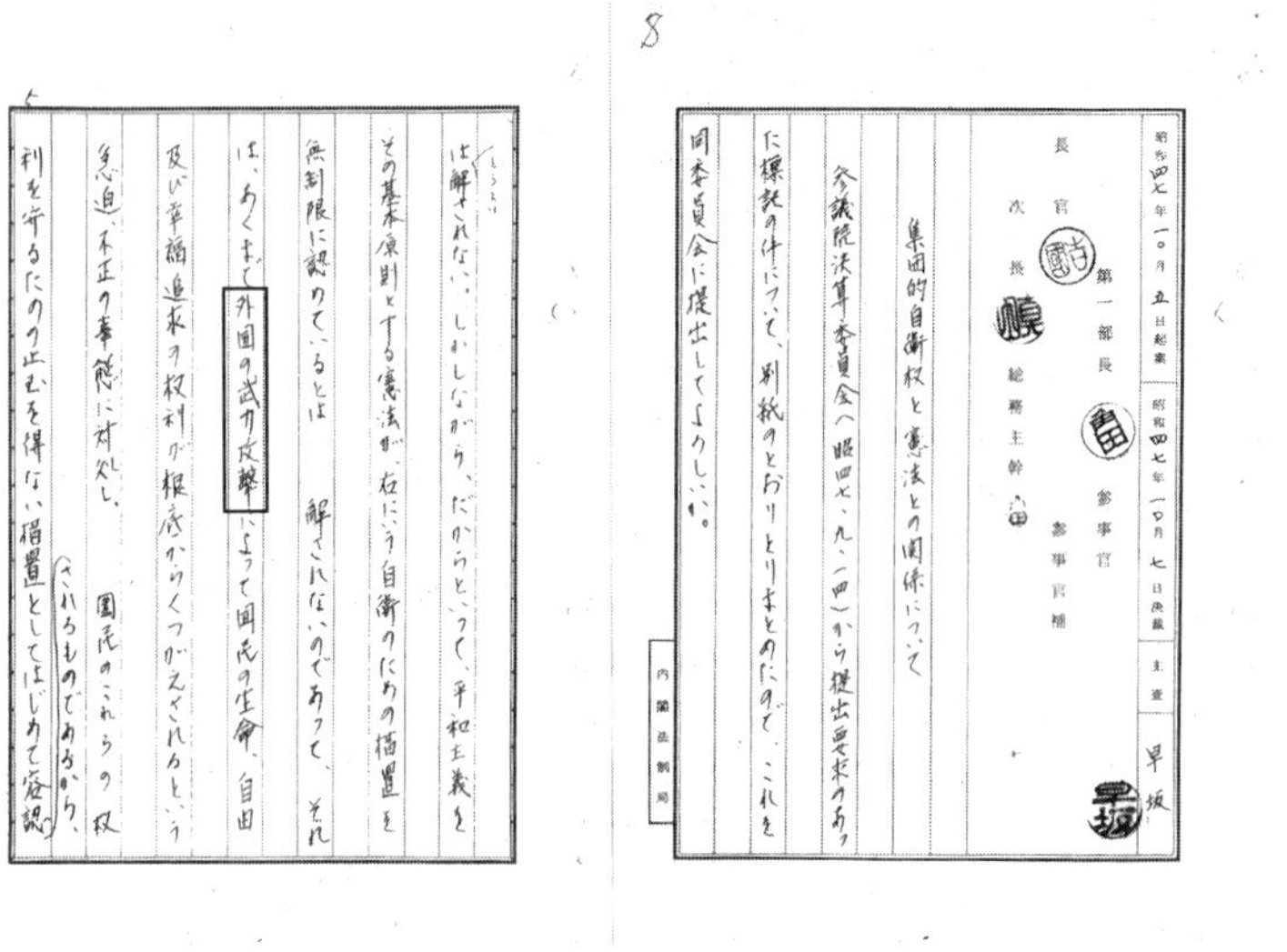
昭和四七年一〇月五日起案
昭和四七年一〇月七日決裁
主査 早坂
長官
次長
第一部長
参事官
総務主幹
参事官補

集団的自衛権と憲法との関係について

参議院決算委員会（昭四七、九、一四）から提出要求のあった標記の件について、別紙のとおりとりまとめたので、これを同委員会に提出してよろしいか。

内閣法制局

8

は解されない。しかしながら、だからといって、平和主義をその基本原則とする憲法が、右にいう自衛のための措置を無制限に認めているとは解されないのであって、それは、あくまで外国の武力攻撃によって国民の生命、自由及び幸福追求の権利が根底からくつがえされるという急迫、不正の事態に対処し、国民のこれらの権利を守るための止むを得ない措置としてはじめて容認（されるものであるから、

図１　昭和47年政府見解の起案文書
（枠囲みは筆者の加工）

実は、このことは、二〇一四年七月一日の解釈改憲以降、約九か月間、国会でも明らかになってはいませんでした。ポイントは、昭和四七年政府見解の起案文書（原義）の中の「外国の武力攻撃によって国民の生命、自由及び幸福追求の権利が根底からくつがえされるという急迫、不正の事態」という文章の中の「外国の武力攻撃」という文言にたまたま「誰に対する」と明記されていないということです。「憲法第九条は、外部からの武力攻撃によって国民の生命や身体が危険にさらされるような場合にこれを排除するために必要最小限度の範囲で実力を行使することまでは禁じていないと解している」（「政府の憲法解釈変更に関する質問に対する答弁書」平成一六年六月一八日）などに代表されるように、憲法は日本に侵略してくる外国の軍隊をやむを得ず必

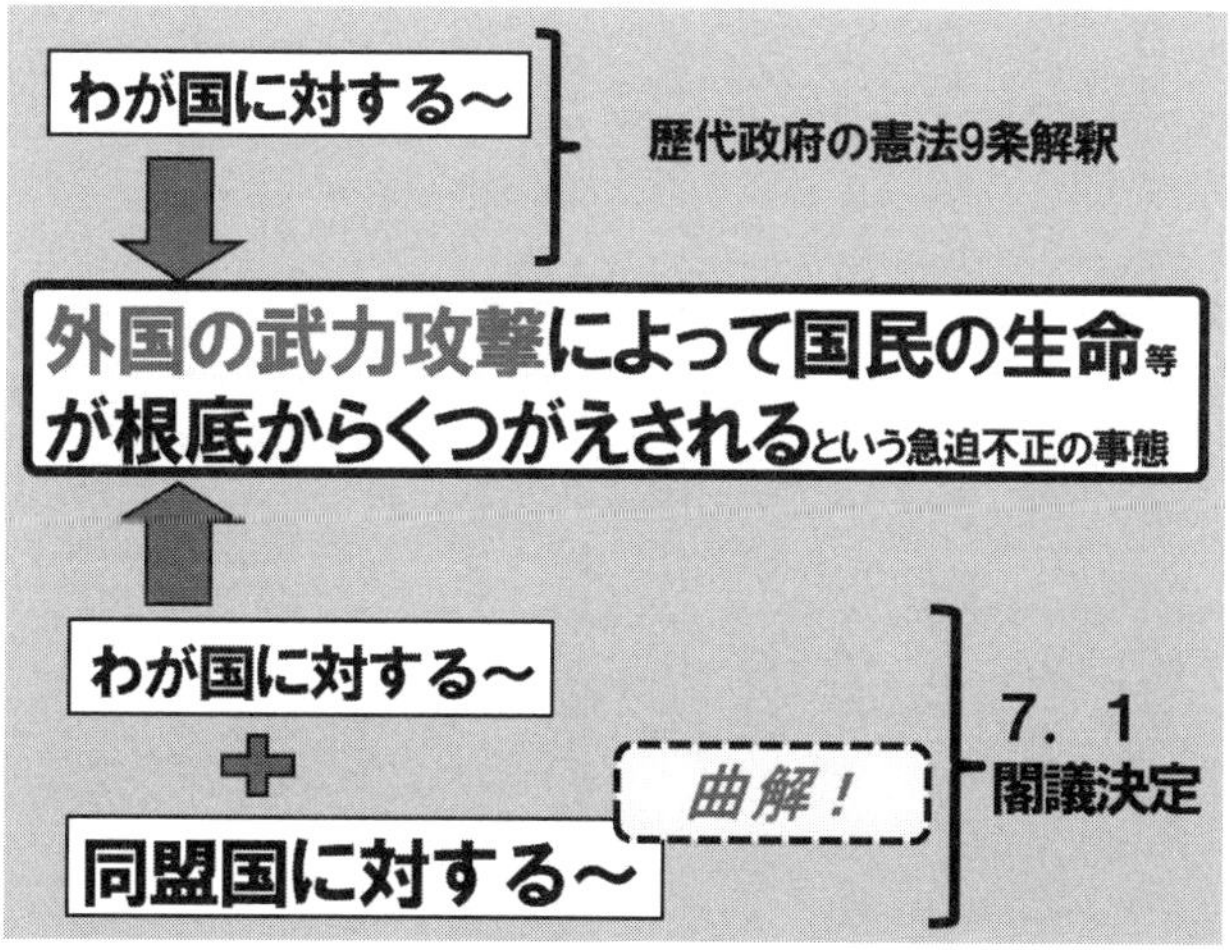

図２　「外国の武力攻撃」の曲解

要最小限度の実力を行使して排除する場合の個別的自衛権の行使のみを許容しているのであり、同時にそれがゆえにあらゆる集団的自衛権行使を違憲とする七・一閣議決定以前の歴代政府の九条解釈の基本論理からするとこの「外国の武力攻撃」という文言は、当然、「我が国に対する外国の武力攻撃」（＝個別的自衛権行使の局面）としか読めないはずです。

しかし、安倍政権は、こうした読み方に加えて、「同盟国に対する外国の武力攻撃」とも読むことができると主張し、「同盟国（米国）に対する外国（イラン）の武力攻撃によって日本国民の生命、自由及び幸福追求の権利が根底からくつがえされる」（＝石油の確保を目的として自衛隊がイランに向かって集団的自衛権を行使するホルムズ海峡事例）という事態が想定されるとしています。すなわち、集団的自衛権行使を許容する法的な論理が昭和四七年政府見解の中に読み取れると主張しているのです。

ところで、安倍政権は、「昭和四七年政府見解の中に限定的な集団的自衛権行使を許容する九条解釈の『基本的な論理』が存在することを七・一閣議決定に向かう検討の中で初めて発見した」、「限定的な集団的自衛権行使を許容する論理が読み取れる政府見解は同見解の前後には一つも存在しない」などと答弁しています。

この昭和四七年政府見解の原義は、二〇一五年四月に野党議員が内閣法制局より開示させ初めてその存在が明らかになったものなのですが、本当に昭和四七年当初から、この政府見解は集団的自衛権の行使を容認するものだったのでしょうか。

ここで、昭和四七年政府見解の作成者が明らかになっています。図1（三〇頁）の同見解の原義の表面には早坂剛参事官の起案印とともに、決裁者である吉國一郎内閣法制局長官、真田秀夫同次長、角田禮次郎同第一部長の三名の決裁印が押されています。

とすると、「昭和四七年政府見解の作成当時からその中に限定的な集団的自衛権行使を許容する九条解釈の『基本的な論理』が存在する」という安倍内閣の主張は、同見解の作成者である吉國長官らが九条の解釈をそのような論理と理解し、それを作成時に書き込んだということになります。すなわち、「外国の武力攻撃」という文言に「我が国に対する武力攻撃」という意味の他に「同盟国に対する外国の武力攻撃」という意味も込めて（その意味が論理的に確保されるようにわざと「誰に対する」と書かずに）、単に「外国の武力攻撃」と書いたということになるのです。

これは、法令の解釈問題ではなく、「当初からこうした意図で書かれた文書である」という事実が存在するのか否かという事実の証明の問題に帰着します。

もし、「外国の武力攻撃」が「同盟国に対する外国の武力攻撃」との意味を含む意図で書かれたものでない場合は、七・一閣議決定でいうところの限定的な集団的自衛権行使の法理を含む九条解釈の「基本的な論理」なるものは昭和四七年政府見解の中には存在しない「ねつ造の論理」となり、「基本的な論理が昭和四七年政府見解に明確に示されている」との七・一閣議決定の記載は事実に反する虚偽の主張となります。その結果として、こうしたねつ造の論理に基づく安倍内閣の解釈変更は、自ら七・一閣議決定の中で設定した「政府の憲法解釈には論理的整合性と法的安定性が求められる」との法原理にも反することになり、安倍内閣がこれ以外に合憲の論拠を有していない以上、元の「あらゆる集団的自衛権行使は違憲」という従来の政府解釈しか残りませんから、解釈変更もそれに基づく安保法制も違憲無効にならざるを得ないのです。

3　安倍内閣の解釈変更が不正行為であること

結論を先に述べますと、昭和四七年政府見解作成者が「外国の武力攻撃」という文言に、「我が国に対する武力攻撃」という意味の他に「同盟国に対する外国の武力攻撃」という意味も込めてこの文言を書いたという事実は認められません。

では、昭和四七年政府見解の作成者が九条の解釈をどのように考えていたかについて説明します。

（1）昭和四七年政府見解の作成者たちが国会答弁などで全否定している

昭和四七年政府見解は、昭和四七年九月一四日の参議院決算委員会の野党議員（社会党水口宏三議員）の質疑において政府に提出要求がなされ、同年一〇月七日に吉國長官により最終決裁され、一〇月一四日に国会提出がなされたものです。この昭和四七年政府見解の作成者（決裁者）である吉國長官は、その提出要求がなされた（作成からわずか三週間前の）国会答弁において、「憲法九条においては個別的自衛権行使しか許されず、あらゆる集団的自衛権行使は違憲である」と繰り返し答弁しています。それらの答弁の中には、七・一閣議決定の「基本的な論理」を構成する「国民の生命、自由及び幸福追求の権利が根底からくつがえされる」という文言を用いながら集団的自衛権行使は違憲であると明言するものもあります。つまり、昭和四七年政府見解の作成者本人が、安倍内閣による「同盟国に対する外国の武力攻撃」との読み替えによる集団的自衛権行使の容認を論理的に否定する答弁を行っているのです。

同じく昭和四七年政府見解の決裁者である真田次長、角田部長も、その前後のいくつもの国会答弁で集団的自衛権行使が違憲であることを明言しています。なお、角田氏は二六頁で紹介したように、後に内閣法制局長官の立場で「集団的自衛権行使を可能にするためには憲法改正以外に手段がない」と答弁している方です。後に最高裁判事も務められたその角田氏が昭和四七年当時に集団的自衛権行使を合憲とする解釈文書を決裁したという安倍内閣の主張は荒唐無稽という他ないでしょう。

（2）健在の作成者がご自身の証言で全否定している

昭和四七年政府見解の決裁者の方々の中で唯一人御健在である角田氏にあっては、複数の報道機関の取材に対し、「ここに書かれてある『外国の武力攻撃』は、日本そのものへの攻撃のことです。日本が侵略されていないときにどうなる、なんて議論は当時なかった」（二〇一五年八月二八日週刊朝日）、「この見解の中に限定的な集団的自衛権が認められているなんて、誰もそんなことは考えていなかった」（二〇一六年六月三日週刊金曜日）、「（『外国の武力攻撃』の対象は）日本のこと。同盟国のことは考えていなかった」（二〇一六年七月一日共同通信）、「たまたまその言葉（わが国）が抜けていたからといって、あえて抜いたとは思えない。わが国への武力攻撃ということで、外国への攻撃など頭になかった。外国に対する武力攻撃に対して日本が参加するなど、夢にも思っていなかった」（二〇一七年九月二〇日東京新聞）など、作成者自身の証言において「同盟国に対する外国の武力攻撃」という読み替えを否定しています。

このように、安倍内閣による集団的自衛権行使の合憲の主張が、何らかの法的な論理ではなく「外国の武力攻撃」という文言の曲解による「論理の捏造」、「決裁文書の解釈改ざん」という不正行為によるものであることは、それを作成した当事者の国会答弁や現在の生の証言から明らかといえます（なお、二〇一五年安保国会で明らかになった吉國長官らによって同時に決裁された通称「防衛庁政府見解」の文言も決定的な証拠となります）。それがゆえに、安倍内閣の解釈変更は政府の憲法解釈の「論理的整合性と法的安定性」（七・一閣議決定）を真っ向から破壊するものとして違憲であり、安保法制も必然的に違憲無効とならざるを得ないのです。

（3）元最高裁判事や社説報道も「絶対の違憲」と主張

こうした政府の解釈変更が許されない暴挙であり、安保法制が違憲であることは、二〇一五年の安保国会では、濱田邦夫元最高裁判所判事が「法匪というあしき例であり、法律専門家の検証に堪えられない」「裁判所に行って通るかというと通らない」（九月一五日）、宮﨑礼壹元内閣法制局長官が吉國長官や真田次長の答弁などに言及しつつ「昭和四七年政府意見書から、集団的自衛権の限定的容認の余地を読み取ろうというのは、前後の圧倒的な経緯に明らかに反します」、「いわば黒を白と言いくるめる類いと言うしかありません」（六月二二日）と指摘され、本書の共著者である伊藤真弁護士も参考人として「当時の吉國長官答弁及び防衛庁政府見解によって完全に否定されている」（九月八日）などと明言しています。さらには、この昭和四七年政府見解の曲解を根拠に違憲と断じる学術論文（野坂泰司学習院大学法科大学院教授・岩波書店「世界」二〇一六年八月号など）も複数発表されるに至っています。

また、朝日新聞（二〇一六年九月一九日）や東京新聞（同二〇日）においては、昭和四七年政府見解の読み替えの不当を根拠に自らの見解として違憲との社説報道をしているところです。

4　「自衛隊明記」の改憲発議が憲法九六条等に反し違憲であること

（1）「自衛隊明記」改憲では解釈変更の虚偽を主張せざるを得ない

さて、ここから「安倍総理の『自衛隊明記』の改憲発議が違憲でありこれ自体が許されないこと」を説明します。

安倍総理や自民党の幹部らは、「自衛隊を憲法に位置付けるに当たっては、現行の九条一項・二項及びその解釈を維持したうえで、『自衛隊』を明記する」（平成三〇年三月二四日 自由民主党憲法改正推進本部）などと、「第二次安倍政権を含む歴代政府の九条解釈を維持した上で、自衛隊の存在だけを明記する改憲を行う」という説明をしています。

しかし、この説明の根幹には虚偽があります。なぜならば「歴代政府の九条解釈は変えない、動かさない」という安倍総理らの主張を論理的に突き詰めると、「歴代政府の九条解釈とは、昭和四七年政府見解の『基本的な論理』である」ということになります。前述したように、これは「ねつ造の論理」であり、ここに集団的自衛権行使容認が含まれているという主張は虚偽であるからです。そして、そこから生み出されている「したがって、七・一閣議決定及び安保法制を含めて歴代政府の九条解釈は維持されている」という主張も虚偽にならざるを得ないからです。もし、この問題が国会で質疑された場合、今までの答弁から考えると安倍総理や改憲案の発議者である自民党議員は、国会での野党議員からの追及に対し次のような主張をする可能性があります。つまり、野党議員が「新設する九条の二の『自衛隊』は限定的な集団的自衛権行使ができるのか？」と質問すれば、安倍総理らは「もちろんだ。歴代政府の九条解釈の枠内である安保法制によって可能な行動は全てできる。」と答えるでしょう。それに対し、さらに野党議員が「九条において限定的な集団的自衛権ができるという『歴代政府の九条解釈』なるものはどこから来たのか？集団的自衛権行使はずっと違憲だったではないか。」と追及すれば、安倍総理らは「昭和四七年政府見解の中に、限定的な集団的自衛権行使を許容する歴代政府の九条解釈の『基本的な論理』が存在している。よって、限定的な集団的自衛権行使はもともと合憲だったのだ。この『基本的な論理』という解釈は維持されている。国民のみなさんは、安心して国民投票で賛成票を投じて欲しい。」などと答えることになると想定できるのです。

(2) 虚偽に基づく改憲発議等は憲法九六条違反であり許されない

この安倍総理の説明のうち、最後の太字の部分は虚偽ですが、これを聞いた国民のみなさんの多くは、「自衛隊を明記するだけで、九条の解釈は従来のものと変わらないのか。昭和四七年政府見解という、約半世紀も前の政府の決裁文書の中に、そもそも集団的自衛権行使は合憲であると書いてあったのか。」と受け止めて、この主張を信じながら国民投票で賛成の票を投じることになる可能性があります。

しかし、これは虚偽の主張により国民を騙して行う憲法改正であり、何らの法的な正統性も認めることができません。こうした発議やそれを受けての国民投票自体が憲法九六条に反して違憲なのです。なぜなら、九六条による憲法改正は、論理的には憲法の条文を（前文・平和主義などの憲法の基本原理の枠内であれば）どのようにでも変えることができるものですが、主権者である国民を騙し、その判断を誤らせて国民投票をさせ、新しい憲法を作ることが九六条で認められるとは到底、解しようがないからです。具体的には、九六条の「提案」に虚偽によって国民を欺く行為が含まれると条文解釈することはできません。さらには、国民の「承認」たる国民投票には虚偽の主張によって騙されて行われる場合も含まれるのであり、そのような場合にも憲法改正が正統性を有すると解釈することは認めようがないからです。

第九六条　この憲法の改正は、各議院の総議員の三分の二以上の賛成で、国会が、これを発議し、国民に提案してその承認を経なければならない。この承認には、特別の国民投票又は国会の定める選挙の際行はれる投票において、その過半数の賛成を必要とする。（以下、略）

さらに、この改憲は、安倍総理らが企図する改憲の実現のために主権者である国民の憲法改正権を悪用するものであり、憲法の基本原理である国民主権（前文、第一条）に反し、また、憲法が立脚する法の支配・立憲主義の普遍原理に反する暴挙となります。こうした国民主権原理に反する改憲が許されないことは、憲法前文の「この憲法は、かかる原理に基くものである。われらは、これに反する一切の憲法……を排除する。」という明文規定からも明らかです。

（3）憲法九九条の国会議員の憲法尊重擁護義務に反し違憲であること

憲法の改正案は、衆参の憲法審査会と本会議において審議・採決され、国民に対し発議されます。しかし、そもそも九条を法規範として扱わない「昭和四七年政府見解の曲解」という虚偽の主張に基づくこれらの行為は、端的に、憲法九九条に定める国会議員の憲法尊重擁護義務に反することになります。九六条は国会議員に改正案の発議等をすることを委ねていますが、それは憲法を尊重し擁護する義務を果たしたうえでのものでなければなりません。憲法が許さない虚偽による九条の解釈を放置したままで、その虚偽を再度用いて国民を欺いて行うような改正案の発議は国会議員に決して許されていません。なお、これらの改正案の発議等の行為が違憲無効であることは、憲法九八条一項の「この憲法は、国の最高法規であつて、その条規に反する……国務に関するその他の行為の全部又は一部は、その効力を有しない。」との明文規定からも明らかです。

（4）虚偽に基づく憲法改正は国民投票法違反で違法無効になること

安倍総理の虚偽による改憲は、憲法改正の手続法である国民投票法にも違反して無効となります（違法無効）。国民投票法一一条以下では、衆参の国会議員からなる「国民投票広報協議会」を設置し、国民に対して憲法改正案の内容をさまざまな媒体によって広報することになっていますが、これらに書かれる現政権の憲法九条に関する解釈が先に述べたように虚偽による違憲で許されるものでない以上、それを前提とする改憲案の主張も同様の虚偽に基づくものになり、このような広報物で国民を欺く憲法改正には何の正統性（「自衛隊」の文言解釈の説明も含めて）も認められないからです。

日本国憲法の改正手続に関する法律

第一四条　協議会は、次に掲げる事務を行う。

一　国会の発議に係る日本国憲法の改正案（以下「憲法改正案」という。）及びその要旨並びに憲法改正案に係る新旧対照表その他参考となるべき事項に関する分かりやすい説明並びに憲

法改正案を発議するに当たって出された賛成意見及び反対意見を掲載した国民投票公報の原稿の作成（以下、略）

（5）国民投票無効訴訟が提起可能

こうした虚偽に基づく違憲・違法な国民投票に対しては、国民投票法一二八条一項の無効事由限定列挙の規定にかかわらず、同法一二七条により国民投票無効の訴訟が提起可能とも考えられます。つまり、万が一、「自衛隊明記」の改憲発議が強行された場合であっても、そして、国民投票で可決されてしまった場合であっても、私たちはこの改憲そのものを裁判所の判決により無効とすることを求める訴訟を起こして闘うことができるのです。この訴訟は誰でも提起可能であり、発議強行の動きがある場合は、改憲派を怖じ気づかせるほどの全国の各地域からの多数の訴訟提起が行えるように準備を進めておく必要があります。

（6）国際法違反の先制攻撃を認める点で違憲であること

最後に憲法の国際協調主義の観点からも七・一閣議決定、安保法制が違憲であることについても触れておきましょう。国際法上の集団的自衛権はその定義上必ず他国防衛の目的を持ってなされるものですが、限定的な集団的自衛権は「他国防衛の目的を有さずに、自国防衛の目的のみで相手国より先に武力行使を行うもので、世界の国で日本以外に例がないもの」と答弁されており、そうだとすると、論理的にこれは国際法違反の先制攻撃とならざるを得ないのです。すなわち、限定的な集団的自衛権行使が可能な自衛隊を明記する改憲は、国際法遵守義務を定めた憲法九八条二項や戦前のような国家の独善主義を排除するため「いづれの国家も、自国のことのみに専念して他国を無視してはならない」と定める前文の国際協調主義に反し、違憲とならざるを得ません。衆議院平和安全特別委員会（平成二七年六月二二日）において、宮﨑礼壹元内閣法制局長官は、「最近、政府当局者は、自国を守るための集団的自衛権とそれ以外の集団的自衛権を分け、前者は合憲、後者は違憲と言っています。しかし、自国防衛と称して、攻撃を受けていないのに武力行使をするのは、違法とされる先制攻撃そのものであります。」と指摘しています。

5 「嘘つき改憲」「騙され憲法」として未曾有の大混乱を生じること

以上のように、安倍総理の「自衛隊明記」の改憲は主権者である国民を欺く暴挙であり、これは日本社会の民主主義の力で絶対に阻止しなければならないものです。

仮に、改憲発議が強行され憲法改正賛成が投票総数の過半数の結果となった場合には、いわゆる「押し付け憲法論」どころの次元ではない、政治的・社会的な大混乱が生じてしまいます。国民が騙されて国民投票をさせられてしまったという「嘘つき改憲論」、安倍総理と与党議員らによる欺罔行為によって国民が憲法を奪われてしまった「騙され憲法論」という将来にわたって国民を分断してしまう克服困難な問題に直面することになるからです。このような事態は、「自衛隊員の名誉を守るため」などの安倍総理の改憲の口実と裏腹に、かえって自衛隊に対する信用を国内外で大きく毀損することになり、国民の負託による武力行使という大義まで失わせてしまうでしょう。これは自衛隊にとっても大変に不幸なことです。

6　平和憲法の法規範性が失われ死文化する

また、こうした「自衛隊明記」の改憲をめぐる混乱は憲法の法規範性の内容についても生じることになります。そもそも「昭和四七年政府見解の曲解」によりねつ造された「基本的な論理」に基づく「武力行使の新三要件」による限定的な集団的自衛権は、その武力行使の態様やエリアについて何らの論理的な限界要件を有しておらず、歯止め無き・無限定な海外派兵を可能にするフルスペックの集団的自衛権行使を許す代物となっています。今後、「日本を取り巻く安全保障環境の変化」という「あてはめ」を口実に、いくらでも海外での武力行使が可能となります。すなわち、自衛隊を明記する九条の二の制定は、すでに解釈変更・安保法制で空文化している九条一項・二項を完全に死文化するものとなり、九条二項の「戦力の不保持」、「交戦権の否認」がまったく無意味な規定であることが固定化されることになるのです。

さらに、この「基本的な論理」は昭和四七年政府見解の中にあった「平和主義をその基本原則とする憲法が、右にいう自衛のための措置を無制限に認めているとは解されない」との部分（三〇頁図1参照）を文言上も切り捨てて作成されています。その結果、「憲法九条は、憲法前文の平和主義の理念が具体化した規定である」（最高裁砂川判決）、「前文はそれぞれの条文を解釈する場合の解釈上の指針としての意味を持っている」（政府解釈）とされてきた「政府の行為によって再び戦争の惨禍を起こさない決意」「全世界の国民が平和的生存権を有することの確認」な

ど前文の三つの平和主義の法理（政府解釈）も解釈変更・安保法制で空文化してしまっていると
ころ、これらも自衛隊明記の改憲によって完全に死文化することとなるのです。よって、これま
で学説・判例によって具体化され進化、発展してきた平和的生存権のあり方にも大きな打撃を与
えるものとなることを知っておかねばなりません。

7　専守防衛の改変が固定化する

昨年の一二月一八日の防衛大綱の見直しにおいて、ヘリコプター搭載型空母「いずも」の改修
による最新鋭ステルス戦闘機Ｆ35Ｂとの一体運用が定められ、事実上の航空母艦を保有すること
となりました。これについて「専守防衛の逸脱」との批判がなされています。しかし、実は専守
防衛は、解釈改憲の際に「昭和四七年政府見解の曲解」と同様の手口によってその意味が改変さ
れてしまっているのです。すなわち、安倍政権は「相手から武力攻撃を受けたとき初めて防衛力
を行使し、その態様も自衛のための必要最小限にとどめ、また保持する防衛力も自衛のための必
要最小限のものに限るなど、憲法の精神にのっとった受動的な防衛戦略の姿勢」との従来からの
専守防衛の定義は維持しつつも、解釈改憲を契機にその冒頭の「相手から武力攻撃を受けたとき
初めて防衛力を行使する」という文言については「イランからアメリカが武力攻撃を受けたとき
初めて日本国が防衛力を行使する」という日本語として読める、すなわち、専守防衛には以前よ
り限定的な集団的自衛権行使も意味として含まれているなどと主張しているのです（参―外交防
衛委員会平成二七年五月一二日）。

これは正に、論理や道理だけでなく日本語の崩壊ともいうべき暴挙ですが、「自衛隊明記」の改憲はこうした専守防衛の改変を固定化し、日本をまったく別の国に変質させてしまうものなのです。

資料

■参―外交防衛委員会　平成二七年三月二四日

○小西洋之君　今私が申し上げたような同盟国、我が国でない他国に対する外国の武力攻撃ということもここに概念的に含まれるというふうに考え出したのは、横畠長官、あなたが初めての法制局長官ということでよろしいですね。

○政府特別補佐人（横畠裕介君）　同様に考えていた者がいたかどうかは存じませんが、この昭和四十七年の政府見解そのものの組立てから、そのような解釈、理解ができるということでございます。

■衆―平和安全法制特別委員会　平成二七年五月二七日

○長妻委員　四七年見解、……ここの「外国の武力攻撃」というのは、外国の日本に対する武力攻撃及び外国の密接に関係する相手国に対する武力攻撃と、両方含まれているということなんですね、四七年見解というのは。

○横畠政府特別補佐人　「外国の武力攻撃」という部分は、必ずしも我が国に対するものに限定されていない。……という風に理解しております。

○長妻委員　四七年見解、最終的には集団的自衛権を否定しているんですが、このよく引用される外国の武力攻撃によって権利が根底から覆される、これは、我が国のみならず外国の他国への武力攻撃というのもこの四七年の時点で含んでいてこういうふうに書いたんだというふうに今おっしゃったわけですが、総理、これでよろしいんですね。

○安倍内閣総理大臣　法制局長官がただいま政府を代表して見解を述べているとおりであります。

■参―外交防衛委員会　平成二七年六月一一日

○小西洋之君　四十七年見解を作ったときに今お認めになった限定的な集団的自衛権行使を容認する法理が含まれていたんだと、作ったときにですね、そういう理解でよろしいですか。

○政府特別補佐人（横畠裕介君）　法理といたしましてはまさに当時から含まれている、それは変えない、変わらないということでございます。

■参―平和安全法制特別委員会　平成二七年八月三日

○小西洋之君　基本的な論理ですね、七月一日の閣議決定。それが昭和四十七年政府見解にも書かれている。その基本的な論理について、この四名の頭の中にあって、それが昭和四十七年政府見解の中に当時書き込まれたというふうな答弁をなさっているという理解でよろしいですか。

○政府特別補佐人（横畠裕介君）　そういう考え方を当時の担当者は皆持っていたということであろうというお答

えをしているわけでございます。

■衆―予算委員会　平成二六年七月一四日
○安倍内閣総理大臣　今回の閣議決定における憲法解釈は、……昭和四十七年の政府見解における憲法第九条の解釈の基本的な論理の枠内で、国民の命と平和な暮らしを守り抜くための合理的な当てはめの帰結を導いたものでありまして、これは、従来の憲法解釈の再整理という意味で憲法解釈の一部変更でありますが、憲法の規範を変更したものではないわけであります。

■吉國一郎　内閣法制局長官　答弁抜粋（参―決算委員会　昭和四七年九月一四日）
「憲法ではわが国はいわば集団的自衛の権利の行使について、自己抑制をしていると申しますか、日本国の国内法として憲法第九条の規定が容認しているのは、個別的自衛権の発動としての自衛行動だけだということが私どもの考え方で、これは政策論として申し上げているわけではなくて、法律論として、その法律論の由来は先ほど同じような答弁を何回も申し上げましたが、あのような説明で、わが国が侵略された場合に、わが国の国民の生命、自由及び幸福追求の権利を守るためにその侵略を排除するための措置をとるというのが自衛行動だという考え方で、その結果として、集団的自衛のための行動は憲法の認めるところではないという法律論として説明をしている」

「憲法第九条の戦争放棄の規定によって、他国の防衛までをやるということは、どうしても憲法九条をいかに読んでも読み切れない。わが国が侵略をされてわが国民の生命、自由及び幸福追求の権利が侵されるというときに、この自国を防衛するために必要な措置をとるというのは、憲法九条でかろうじて認められる自衛のための行動」

「外国の侵略が……現実に起こった場合に、これは平和的手段では防げない、その場合に「生命、自由及び幸福追求に対する国民の権利」が根底からくつがえされるおそれがある。その場合に、自衛のため必要な措置をとることを憲法が禁じているものではない、というのが憲法第九条に対する私どものいままでの解釈の論理の根底でございます。その論理から申しまして、集団的自衛の権利ということばを用いるまでもなく、他国が侵略されているということは、まだわが国民がその幸福追求の権利なり生命なり自由なりが侵されている状態ではないということで、まだ日本が自衛の措置をとる段階ではない。日本が侵略されて、侵略行為が発生して、そこで初めてその自衛の措置が発動するのだ」

■真田秀夫　第一部長　答弁抜粋（参―内閣委員会　昭和四七年五月一二日）
「他国がわが国とかりに連帯的関係にあったからといって、わが国自身が侵害を受けたのでないにかかわらず、わが国が武力をもってこれに参加するということは、これはよもや憲法九条が許しているとは思えない」

■角田禮次郎　内閣法制局長官　答弁抜粋（衆―法務委員会　昭和五六年六月三日）
「集団的自衛権につきましては、全然行使できないわけでございますから、ゼロでございます」、「集団的自衛権は一切行使できない」、「わが国は憲法で、それは全然行使しませんよということを世界にいわば独自の立場で自主的に宣言をしている」

第四章 「自衛隊明記」改憲阻止のため私たちがなすべきこと

1　まずはまともな立憲主義国家、民主主義社会に戻ること

安倍総理による自衛隊明記の改憲を阻止し、違憲立法である安保法制を廃止するためには何が必要なのでしょうか。

安倍総理の解釈変更・安保法制は法論理ですらない不正行為によって九条を改変し、国家権力の最大の発動である戦争行為を解禁するという空前の暴挙です。これは、昭和四七年政府見解の曲解という不正行為（決裁文書の改ざん事件）によって集団的自衛権を発動し、自衛隊員を海外に派兵して戦死させ、国民を相手国からの反撃で戦死させるという、民主社会で断じて許されない蛮行です。安倍総理は「自衛隊員の名誉のため」と改憲を唱えながら、まさに、安倍総理こそが、自衛隊員のみならず私たち国民を尊厳ある存在として扱っていない、つまりは、まともな人間扱いをしていないのです。

そして、この暴挙は自衛隊明記の改憲で治癒されるどころか、国民は再度、解釈変更の虚偽で欺かれ、自らの手によって虚偽を纏《まと》った正統性のない「偽物憲法」を作り出すという「究極の憲法破壊」に至ります。自衛隊員ら国民は決して救われないどころか、「嘘つき改憲」によってその尊厳がさらに傷付けられ、違憲の戦争による死傷の危険にさらされ続けることになるのです。

また、こうした立憲主義や民主主義の崩壊のもと、九条以外の他の憲法の条文についてもどんどん改変されています。たとえば、安倍内閣は二〇一五年には言論報道の自由を定めた憲法二一条を無視して、テレビ局が政治的に公平な放送をしているかをたった一つの番組だけで判断できると放送法の解釈変更を強行しています。また同年には内閣法制局や法務省の中に憲法審査の文書を一枚も残さずに、同性婚を法律で制度化することは憲法二四条に反して違憲であるという憲法解釈を出しています。翌二〇一六年には国会議員の要求、すなわち、シビリアンコントロールに反して自衛隊の南スーダン日報を隠ぺいするなどし、二〇一七年には憲法六二条に基づく参議院の国政調査権の発動に対して改ざんされた決裁文書を提出し、さらには、憲法五三条の臨時国会召集義務を無視したまま解散総選挙が強行されました。これらは、第二次安倍内閣の六年間のうちの憲法違反行為・立憲主義の破壊行為の一部に過ぎません。

私たちに今求められていることは、憲法改正の議論などではなく、まずは「安倍主権の人治国家」から「国民主権の法治国家」に戻ることなのです。憲法規範を尊重することなく、そこから作られた政府見解を曲解して憲法規範を骨抜きにするという手法が許されるならば、どのように精緻な憲法の条文であってもあっという間に破壊することが可能になります。また、解釈改憲の過程では、以下のようなありとあらゆる議会制民主主義における「法の支配」、「憲法保障」の仕組みが蹂躙《じゅうりん》されているのです。

① 内閣法制局に憲法審査の文書が一枚も存在しないなどの（要するに、憲法審査を一切行って

いない）内閣法制局設置法違反

②「憲法の明文が拡張解釈されることは、誠に危険なことである。故にその危険を一掃する」ためとして、九条のもとの自衛権行使を「我が国が不当に侵略された場合に行う正当防衛行為」等と明確に限定した参議院本会議決議「自衛隊の海外出動を為さざることに関する決議」（昭和二九年六月二日）違反

③　政府が憲法解釈の変更を行う際にはその論理的整合性等について事前に十分な国会審議を受けることを命じた参議院憲法審査会附帯決議（平成二六年六月一一日）違反

等々

つまり、私たちが、憲法九条を安倍総理から奪還し、立憲主義と民主主義を回復するためには、なんとしても解釈変更（七・一閣議決定）と安保法制を廃止しなければなりません。そうでなければ、私たちは真の主権者とはいえず、子どもたちに国民主権の社会を引き継ぐことはできません。

このためには、一人でも多くの国民の間で解釈変更の憲法破壊の真実を共有していただかなければなりません。そしてこのような暴挙で自衛隊員ら国民を殺してしまってはいけない、このような暴挙によって憲法九条を破壊することは過去の戦争の犠牲者たちに申し訳が立たないという思いを、社会全体に広げていく必要があります。さらに、憲法尊重擁護義務を有する国会議員に対し、「憲法破壊による戦争によって国民が死傷することを放置して、改憲の議論を行おうとすること自体がおかしい。安倍総理から私たち国民の手に憲法を取り戻して国民の命を守り、まと

もな立憲主義国家、民主主義の社会に戻して欲しい。それがあなたたちの第一の憲法上の義務だ」と声を上げていただく必要があるのです。

2 改憲を阻止するための違憲追及

安倍総理や自民党が改憲発議を強行する時は、当然、国民投票での勝利を算段したうえでの決断となります。安倍総理は選挙に勝つためには手段を選ばず、これまで国政選挙に五連勝しています。したがって、「発議をされれば負け」との危機意識のもとで、改憲を阻止するためには絶対に発議そのものを阻止する必要があるのです。

発議を阻止するためには、自民党と公明党の国会議員に、「改憲の議論は、統一地方選、参院選、総選挙に不利になる。どんなに安倍総理にけしかけられても絶対に嫌だ」と考えてもらい、憲法審査会の開催そのものを忌避させ、改憲の議論に反対させる以外に手段がありません。そして、そのためには、野党が与党に対し、「いざとなれば、憲法審査会で安保法制などの違憲問題等を徹底的に追及する姿勢」を見せつけ、恐れさせる以外に手段がありません。

憲法審査会は、他の委員会と違って内閣法制局長官や政府の官僚が答弁で助けてくれることはなく、すべて、自民党や公明党の国会議員が自分で野党議員の追及に答弁しなければなりません。自衛隊明記の改憲案を提出してきた時に、「歴代政府の九条解釈は変えていない、それは昭和四七年政府見解に明記されていると主張しているが、昭和四七年政府見解を作成した吉國内閣法制局長官らは集団的自衛権行使は絶対の違憲だと全否定しているではないか」、「憲法前文には、全世界の国民が戦争によって殺されずに生きていく平和的生存権を有すると書いてあるのに、なぜ、石油目的でアメリカ軍を守るために集団的自衛権を発動してイランの軍人や市民を殺傷することが許されるのか」など、改憲の動きを痛撃する構えを野党が強力に示す必要があります。

特に、衆参の憲法審査会の与党議員には、安倍政権以前に大臣などの立場で「集団的自衛権行使は違憲」と国会答弁していた議員が複数います。安倍総理や横畠内閣法制局長官はこうした答弁について「国際法上のあらゆる集団的自衛権（フルスペックの集団的自衛権）の行使は違憲と言っていただけで、限定的な集団的自衛権行使を違憲とする答弁でない」などの詭弁《きべん》を弄《ろう》していますが、「では、あなたはあの時に、憲法九条で可能な集団的自衛権行使があると考えていたのか？　それはどのような法論理なのか？」と追及すればいいのです。この安倍総理らの詭弁は、安保国会において宮﨑礼壹元内閣法制局長官が「歴史を甚だしく歪曲するもの」と喝破していますが、追及を受けた与党議員は答えに窮《きゅう》することになるでしょう。

3　憲法違反を追及するための憲法審査会

実は、憲法審査会は、憲法改正を議論する以前に、憲法違反などの憲法問題（安保法制の違憲、立憲主義・平和主義等に関する与党の誤った見解、同性の法律婚を違憲とする政府解釈、臨時国会召集義務違反 等々）や、憲法に密接に関連する基本法制の問題（安保法制のほか、日米安保条約、日米地位協定の問題など）を追及するために国会法により設置されている唯一の委員会なのです。

国会法第百二条の六
日本国憲法及び日本国憲法に密接に関連する基本法制について広範かつ総合的に調査を行い、憲法改正原案、日本国憲法に係る改正の発議又は国民投票に関する法律案等を審査するため、各議院に憲法審査会を設ける。

この点、参議院憲法審査会においては、①国民投票法改正の際の附帯決議（平成二六年六月一一日）において「近代憲法の基本となる考え方である立憲主義並びに憲法の定める国民主権、基本的人権の尊重及び恒久平和主義の基本原理に基づいて、徹底的に審議を尽くす」（第一項および二項）、「立法措置によって可能とすることができるかどうかについて（注・法律ではなく改憲以外に手段がないことを証する「立法事実（憲法事実）」の有無について）、徹底的に審議を尽くす」（第三項）という「憲法改正の準則」を定めるとともに、②「幹事会協議事項」として「昭和四七年政府見解の中に限定的な集団的自衛権行使を許容する「基本的な論理」が存在するかどうかを、吉國内閣法制局長官らの答弁会議録を基に検証すること」、「各党各会派が考える立憲主義と憲法の平和主義について明らかにすること」など、改悪を阻止するための砦《とりで》を築き上げています。

また、二〇一六年一一月の参院憲法審査会では、民進党白眞勲《はくしんくん》幹事および社民党福島みずほ委員により「昭和四七年政府見解の読み替えという法解釈ではない不正の手口による解釈変更とそれに基づく安保法制を放置して、憲法審査会が改憲の議論を行うことは絶対に許されない」旨、各会派の意見表明が行われているところです。さらに、安倍総理の「自衛隊明記」改憲が違憲無効の暴挙となることについては、次に示す白議員による民進党会派の意見表明で明確に述べられているところです。こうした取り組みこそが憲法審査会の立憲主義および国会法に基づく本来の使命なのです。

■参議院憲法審査会　会派代表意見　平成二九年一二月六日（抜粋）

○白眞勲君……安倍政権による立憲主義の破壊の最たるものは安保法制です。集団的自衛権行使の解釈変更は、いわゆる昭和四十七年政府見解の恣意的な読替えという、法解釈ですらない不正な手口による絶対の憲法違反であることは既に完全に立証されています。……安倍総理の唱える自衛隊明記の改憲は、昭和四十七年政府見解の中に限定的な集団的自衛権行使を許容する憲法九条解釈の基本的な論理が存在するという解釈変更の不正行為の虚偽で再度国民をだまして行われる立憲主義の破壊的行為とも言えるべき……これは、法的には憲法九十六条等に違反するものと解され、政治的には国民に対するうそつき改憲であり、押し付け憲法論どころではないだまされ憲法論という、克服不能な大混乱を生じる究極の暴挙と考えられ、到底許されるべきものではありません。

我が憲法審査会は、良識の府参議院の存立に向けて、国民のための憲法保障機能を全うする必要があります。……憲法審査会で徹底した憲法違反の調査もまた改憲論議の前提として審議を尽くすことを述べて、終わりとさせていただきます。

4　野党による違憲追及と国民運動の連動を実現する

さらに重要なことは、安保法制の違憲性の追及が、憲法審査会の開催や改憲議論を阻止するのみならず、この追及そのものが安倍総理への痛撃となり、政権の体力を削ぐのみならず、政権打倒の一丁目一番地の闘いとなることです。同時にこれらの追及は、「昭和四七年政府見解の曲解」などの暴挙を知らず（あるいは、知っていて見て見ぬふりをしている）一部マスコミや有識者など、安倍改憲や安倍政権を支持してしまっている方々に対する重要なメッセージにもなります。

つまり、改憲阻止と当時に安倍政権打倒のためには、野党が憲法審査会以外でのあらゆる機会を捉えて、安倍総理の政権存続が困難となる安保法制の違憲の徹底追及を行うとともに、その暴挙の世論化の国民運動をリードしていく必要があるのです。この際に、野党の追及の中核に据えて繰り返し波状攻撃を仕掛けなければならない論点が、安倍政権下の数ある憲法違反でも「法解釈ですらない不正行為」という点において他に類を見ない暴挙であり、「昭和四七年政府見解の曲解」という決裁文書の解釈改ざん事件なのです。なお、この「昭和四七年政府見解の曲解」は、加計学園事件における「総理のご意向」など「あったはずのものをなかったと言い張る」疑惑などとは異なり、「絶対にないものを勝手にあると言い張っている不正行為」であり、「安倍総理のみがどこまでも立証責任を負い、そして、その主張が虚偽であることは誰でも物証によって証明可能、理解可能である」という点で、憲法改悪阻止の最強の武器でもあるのです。

しかし、安保国会以降においても、共謀罪、カジノ法、ＴＰＰ11条約、働き方改革（高度プロフェッショナル制度）、入国管理法改正等々、次から次へと国民生活を大きく変える法律などを仕掛け、さらには、ロシアとの北方領土交渉などを持ち出してくる安倍内閣に対し、野党はその対応で精一杯の状況にあり、安保法制の違憲の戦略的で継続的な追及は必ずしも十分とはいえない状況にあります（二〇一五年安保国会以降、国会で「昭和四七年政府見解の曲解」による安保法制の違憲が追及されたことは数えるほどしかありません）。こうした状況のなかで、南スーダンＰＫＯ部隊への駆け付け警護任務の付与や、自衛隊戦闘機と米軍空母との共同訓練や自衛隊の護衛艦による米軍艦の防護、あるいは、防衛大綱の見直しによる空母の保有など安保法制やそれを前提とした運用がどんどん進行し、違憲の既成事実が積み重ねられ、安倍総理に堂々と「歴代政府の九条解釈を維持した自衛隊明記の改憲」を主張することを許してしまっているのです。

今こそ、各野党それぞれが、そして、各野党間で共闘して、国会で安保法制の違憲を徹底追及する必要があるのです。そして改憲阻止のためには、二〇一九年通常国会での冒頭から、各野党党首の代表質問、テレビ中継の予算委員会、そして、その後の各委員会での大臣への質疑など、安保法制の違憲の追及を波状攻撃しなければ、憲法審査会の開催強行を阻止することは困難となるでしょう。

議会政治が崩壊した国会で安倍政治から国民生活を守るための苦闘を強いられている各野党に戦略的な安保法制違憲の追及を確保してもらうためには、「違憲の追及こそ、改憲阻止および安倍政権打倒のために市民が最も望んでいることである。安倍総理らにどんなに答弁拒否を受けても、挫けずに闘い抜いて欲しい。」という声を野党議員、野党幹部に届け、大いに激励していただく必要があります。

5 テレビでもとりあげられる国民運動を目指して

国会での野党による「昭和四七年政府見解の曲解」の追及と連動して、国会の外で、市民のみなさんによる安倍改憲阻止、安倍政権打倒の運動の際に、安倍総理が真に恐れるこの不当かつ最強の論点をぜひ訴えていただきたいと思います。安倍総理には解釈変更を合憲だとする理由があります。しかし、そうであるからこそ、「その合憲の主張がどういうものであり、それがなぜ許されない暴挙なのか」という批判が安倍総理にとって最も耳が痛く、追及されたくないことなのです。つまり、安倍総理の合憲論は「昭和四七年政府見解の中に限定的な集団的自衛権行使を容認する九条解釈の基本的な論理が作成者である吉國内閣法制局長官らの手によって書き込まれていた。限定的な集団的自衛権行使はずっと合憲だったのだ。」という事実に反する「天動説」なのですが、中世の歴史にあるように天動説もそれを科学的に論破しない限りいつまで経っても世の常識として君臨します。天動説を打破するには「吉國内閣法制局長官らは誰も集団的自衛権行使を合憲などと言っていない。解釈改憲は絶対の違憲だ。」という事実に基づく「地動説」を唱える必要があるのです。「政府与党の合憲の主張の根拠を明らかにして、主権者の立場からそれがなぜ許されないことであるのかを論破する」、すなわち、「立憲民主主義に基づく憲法論議」を用いて安倍総理の主張を打破することがどうしても必要なのです。

実は、二〇一五年安保国会の際には、「昭和四七年政府見解の曲解」の暴挙を国民のみなさんに広くお伝えする前に強行採決されてしまっているのです。あの時、国会を抱囲したＳＥＡＬＤｓ（自由と民主主義のための学生緊急行動）などの市民のみなさんのコールの中に「昭和四七年政府見解の曲解」、「論理の捏造」、「解釈変更はペテン」といった言葉が連呼され、本書三〇頁にある「昭和四七年政府見解の原義」のプラカードが林立していたらと、本当に申し訳なく思います。したがって、野党議員の国会での「昭和四七年政府見解の曲解」の追及とともに、あらゆる憲法学者、政治学者、弁護士等の専門家、報道関係者の方々におかれても「安倍総理による解釈改憲の合憲の主張の事実とは一体どのようなものか。それが、なぜ間違っており、解釈改憲はなぜ違憲なのか」を市民のみなさんにわかりやすくお伝えいただきたいのです。

戦略的な目標としては、「昭和四七年政府見解の曲解」という「壊憲の真実」を世論化することです。世論化とは、新聞報道などはもちろん、加計・森友学園の問題にあるようにテレビのワイドショーでこの暴挙が放送されるまで頑張ることです。ワイドショーまでたどり着けば、政権の支持率に直結します。かつて、森友学園・加計学園疑惑に関するワイドショーでは、大阪府豊中市の国有地の地下の埋設物がどうであるかや、土地売却の決裁文書の改ざんとはどのようなものであるか、また、「総理のご意向」と記載された文科省文書の詳細など、細かな事実関係が何百（何千）時間も放送されました。民主主義で最重要の最高法規の憲法が、しかも、戦争を禁止した憲法九条が、「昭和四七年政府見解の曲解」という決裁文書の改ざんによって改変された「事件」はこれらに比べてもはるかに簡単で、しかし、比べようがないほどに重大な社会問題です。もし、「昭和四七年政府見解の曲解」がこのままテレビのワイドショーで一度も放送されることがなく、統一地方選挙（首長や地方議員も憲法尊重擁護義務を負っています）や参院選を迎えたり、その前後に改憲を強行されたりするようなことがあれば、私たちの社会は民主主義国家として失格であるといわざるを得ないでしょう。もちろん、その場合の最たる責任は憲法尊重擁護義務を負う野党国会議員と野党とにありますが、他の専門家や有識者の方々も歴史の教訓と職業倫理に懸《か》けての奮起をお願いしたいと思います。

6　改憲阻止の闘い方

国会図書館法の前文には「真理がわれらを自由にする」という文言があり、それは国会図書館の中央出納台上にも刻まれています。この文言をドイツのフライブルク大学図書館の銘文から考案したとされ、法案の策定を担った羽仁五郎 参議院議員（図書館運営委員長）は、「この言葉が、将来長くわが国立国会図書館の正面に銘記され、無知によって日本国民が奴隷とされた時代を永久に批判するであろうことを、僕は希望する」と述べています。

これは国民の自由・権利の制約下での先の戦争の惨禍などを念頭に置いたものと考えますが、「われらを自由にする」という言葉のとおり、安倍総理による「昭和四七年政府見解の曲解による論理のねつ造」という「壊憲の真理」を知った国民のみなさんはこの最強の道具を手に、改憲阻止、政権打倒、憲法奪還のために、政治家、政党はもちろん、その他のオピニオンリーダーの方々に対しても、以下のようなありとあらゆる共闘を仕掛け、自らの手で安倍総理を圧倒する国民世論を形成していくことができます。

・国民投票におけるＣＭ自主規制を拒否している民放連に対して、「自衛隊明記する改憲条文は、歴代政府の九条解釈を何ら変えていない」という安倍自民党の主張は「報道は事実をまげないですること。」と定める放送法第四条四項（番組準則）に違反するものであり、改憲賛成派のCMを放送すること自体が、その放送量の多寡にかかわらず放送法違反になるのではないか、と訴える。

・「昭和四七年政府見解の曲解」を一度も放送したことがないと思われるNHKに対して、今のNHKのあり方は「政治的に公平であること。」、「意見が対立している問題については、できるだけ多くの角度から論点を明らかにすること。」と定める放送法第四条四項（番組準則）に違反し、受信料制度はNHKの番組編集の自由を守るためのものであるから、今のNHKは国民視聴者に受信料を求める前提を欠いているのではないか、と訴える。

・安保法制や自衛隊明記改憲を支持する新聞社などに対して、「虚偽の大本営発表を垂れ流し、国民に真実を伝えなかった戦前の報道機関と同じ過ちを犯しているのではないか」と訴える。

・各地域の弁護士会に対して、「弁護士は、基本的人権を擁護し、社会正義を実現することを使命とする。」、「弁護士は、前項の使命に基き、法律制度の改善に努力しなければならない。」と定める弁護士法第一条にのっとり、弁護士会として安倍総理の自衛隊明記改憲に反対する声明を出して、社会を啓蒙《けいもう》し、市民の人権と社会の自由を守ってほしいとお願いする。

第五章　平和憲法「破壊」のあとの日本はどうなるのか

1　なぜ戦争を許さないのか

二〇一二年自民党改正草案は、国防軍の創設を明記しています。今回の自衛隊明記を標榜《ぼう》する改憲も実質的には自衛隊を軍隊とし、日本を戦争ができる普通の国にしようとするものです。これによるさまざまな国民生活への影響を考えておく必要があります。そして何より、私たちは平和憲法が破壊されて、戦争で死ぬということ、人を殺すということの現実を理解しておかなければなりません。

私たちはなぜ戦争を許さないのか。それは、戦争は、以下のように個人を苦しめ、社会を壊し、国のかたちを変えてしまい、世界にも悪影響しかもたらさないからです。戦争をしてよいことなど何一つないからにほかなりません。

2　戦争は個人に害を与える

（1）個人の生命・身体・財産等の侵害

まず、戦争は、一人ひとり、個人を徹底的に苦しめます。個人の命や身体、財産、あらゆる大切なものを奪い侵害します。先の大戦では、東京大空襲をはじめ、全国二〇〇か所以上で空襲があり、九七〇万人が被災したと聞きます。そして、沖縄戦、原爆による過酷な被害は今なお続いています。

戦争による甚大な被害は、もちろん日本だけではありません。戦時中の日本の加害によって二〇〇〇万人を超えるともいわれるアジアの方々の命が奪われました。第二次世界大戦後も、アメリカはベトナム戦争において、枯葉剤をまき散らし、人間のＤＮＡ・遺伝子を破壊しました。それにより障害を持った子どもが未だに生まれ続けています。イラク戦争で使われた劣化ウラン弾による被害もそうですが、戦争とは、戦後もずっと被害が続いていくものなのです。中東の戦争では多くの難民を生み出しました。ヨーロッパではそれが新たな社会不安を生み出しています。

このように戦争は人々に甚大な被害をもたらし、すべてを奪い、そして深い悲しみを生み出します。私たちは、このように個人を苦しめる戦争を認めることはできません。

(2) 人の内面から優しさと心を奪う

そして戦争は、人間の内面から優しさと心を奪い、憎しみの連鎖を生み出します。戦争の手段は暴力という力ですから、それを当然のように容認する社会では、人々も勝つためには力づくで物事を決することが当たり前になり、優しさや心という人間性の本質が奪われてしまいます。戦争は、子どもたちの心に大きな傷を残します。世界中の紛争地域で子どもが武器を持たされ、少年兵に仕立て上げられ、人身売買の対象となることもあります。こうして生まれた憎しみの連鎖は、さらに小さな子どもたちへの攻撃となって苦しみを増幅します。

さらに戦争は、被害をもたらすだけではなく私たちを加害者にもします。八二年前の一九三七年一二月には、南京陥落のちょうちん行列で日本中が大変な祝賀ムードだったそうです。しかし、厳しい情報統制、検閲によって、現地ではどんなに非道なことが行われていたのか、日本人には知らされませんでした。およそ戦争は、他国民に甚大な被害をもたらしますが、それ以上に、かつて日本は、南京虐殺、重慶無差別爆撃、七三一部隊、平頂山事件、毒ガス被害、そして日本軍の従軍慰安婦制度など多くの戦争犯罪ともいえる行為の加害者となりました。

今後、日本が戦争をすることがあるとするなら、日本は国民主権の国ですから、国民の名のもとで国家が殺人をすることになります。主権者である一人ひとりが国に殺人を命じていることになるのです。国民主権の国が戦争するということは、私たち自身が殺人に加担することを意味するのだという冷徹な事実を無視することはできません。

(3) 女性の尊厳をないがしろにする

戦争は、一人ひとりの個人を加害者・被害者として苦しめ、さらに女性の尊厳をも奪います。性奴隷制度、占領地での性的加害、子を産み育てる「機械」として女性を扱うように、女性の尊厳をないがしろにする発想が戦争には付いて回ります。本来なら、子を持つかどうかは、本人の自由のはずなのに、戦争は女性に子(兵士)を産み育てろと強制します。

戦地においても女性が被害に遭《あ》います。日本軍の「慰安婦」は、国連では性奴隷制度とされるものですが、以前、「慰安婦」被害女性(ハルモニ)が共同生活を行っている「ナヌムの家」を訪問したときに、「あなたたちは、私たちが死ぬのを待っているんでしょう。あなたたちの国では教科書にも書かないし、私たちが死んでしまえば、なかったことになるから、それを待っているんでしょう」と詰め寄られ、返す言葉もありませんでした。

また、一九九五年に沖縄で起こった少女暴行事件、一九五五年の由美子ちゃん事件も忘れることはできません。本土に伝わってこない性暴力被害、犯罪が、米軍基地の七〇%を負担する沖縄では繰り返されています。

(4) 学問、科学、医療などが本来の目的から逸脱

医療や科学は、本来ならば、人がより人間らしく、快適に生きることを実現するためのものであるはずです。ところが、戦争は、兵士・国を守るため、そして敵を効率よく殺すためにそれらを利用します。そして、科学を含めた学問のすべてが軍事優先となっていきます。さらに、挙国一致の歯車として政府から監視され、真理探究を目指す研究はできなくなり、戦争の役に立つ医療、科学、学問だけが、補助金などで奨励されるようになります。

七三一部隊では、医学者として人の命を救いたいと思っていた若い研究者たちが駆り出されて、人体実験の加害者にさせられてしまいました。

(5) 信仰心、内心の破壊

軍事優先は、医療や科学のみならず、宗教にも及びます。人々のさまざまな信仰心を無視し、

軍のために貢献することを強制し、異教徒として弾圧します。

戦前には異教として弾圧される大本《おおもと》事件などもありましたし、二〇〇一年には、タリバンによってバーミアン遺跡の大仏が破壊されました。さらにムスリムへの弾圧など、さまざまな宗教弾圧が現代でも発生しています。

(6) 人を人でなくさせる

そして何よりも、人を人でなくしてしまいます。無残で無謀だったインパール作戦もそうでしたが、南方戦線で補給路を断たれた後の兵士の餓死、人肉食、軍隊内で行われる暴力や隷属関係、そして性暴力や他民族蔑視が人間の感覚を麻痺させます。ソ連の手によるシベリア抑留の実態も本当に悲惨なものでした。

兵士が人でなくなってしまう。人間でなくなる。そもそも、兵士を人間でなくす、それがいわば軍隊教育の本質です。アメリカの海兵隊に入った新兵訓練の目的は「人を殺せるようにすること」、それが教育の目的です。一、二週間の訓練の後、三か月ほどの実戦訓練を積んだだけで、戦地に送られます。米国の研究によると九八%の人間は人を殺せないそうです。人間は元々至近距離では人を殺せるように生まれついていない。同じ人間を殺すことは、誰でも抵抗感があるのが普通です。第二次世界大戦中に姿の見える敵に発砲していた小銃手はわずか一五%から二〇%だったそうです。この発砲率の低さに衝撃を受けた米軍は、訓練を見直し、その心理的なバリアを取り除くプログラムを開発します。上官の命令に従って、疑問を持たずに即座に人を殺せるようになるための徹底した教育と訓練が行われます。殺人を任務とする、それが兵士、軍人ですから、人を殺せる人間につくり上げていくということになります。

アメリカ軍は、人を殺せる、もう躊躇なく撃ち殺せる、そういう人間に仕立て上げるプログラムの開発には成功しました。しかし、戦地から帰ってきた兵士が人としての心と生活を取り戻すプログラムはいまだできあがっていません。その結果、帰還兵が市民社会に復帰できず、数十万人単位でホームレスになっていると聞きます。それどころか、戦死者以上に帰還兵が自殺をしてしまっている現実があります。麻薬や犯罪、貧困に苦しみ、そしてPTSD、トラウマ、うつ病などに苦しみ続けます。それが戦争の実態であり、帰還兵のリアルであり、軍隊を持っている「普通の国」の現実です。

多くの若者が戦争でひどくつらい経験をして、精神を病んでしまったり、自ら命を絶ってしまったりします。映画やゲーム、アニメでは戦争のヒーローが活躍し、かっこうよく見えるときもあるかもしれません。しかし、戦争に栄光など決して存在しない。戦争とはむごたらしくも悲惨で、恐ろしい暴力にほかならないのです。そして、私たちが忘れてはならないことは、どの戦争にも必ず「戦争の後」があるということです。ミサイルを撃ち落として、相手を叩き潰せば終わりという話ではないということです。

3 戦争は、社会を崩壊させる

(1) 安全な社会生活を危機にさらす

被害を受けるのは個人だけではありません。社会を壊し、安全な社会生活を危険にさらします。戦争によるミサイル攻撃、敵機による空襲などで、安全だった日常生活が一変し、特に沖縄、横須賀などの基地周辺の方々は大変な被害を受けることになります。アメリカ軍隊最大の海外基地である沖縄は米国の軍事戦略上重要なことはいうまでもありません。また、原子力空母を整備できるのは米国海軍のサンディエゴ基地以外には横須賀しかありません。敵にしてみれば横須賀も格好の攻撃の対象です。地域社会が壊滅的な被害を受けることになるでしょう。

(2) 軍事予算の拡大と社会保障の削減

そして、戦争準備のために軍事予算が拡大され、それにともない社会保障が削減されます。また軍産複合体が巨大化し、いざ戦争が始まると挙国一致のスローガンのもと、経済は当然軍事優先経済になっていき、軍需産業に国の財政が注ぎ込まれます。その反面、介護、年金、教育、医療、生活保護や、市民が必要とするサービスのあらゆるものが、後回しになってしまいます。そのうえ、国と癒着した軍需産業だけが栄えていくことでしょう。平時でさえ森友・加計問題疑惑など身びいきの蔓延が疑われるくらいですから、戦時体制になったときの癒着、依怙贔屓《えこひいき》など容易に想像できます。その反面、財源確保のため消費税などの増税が行われさらに富の分配において不公平が生まれ格差が拡大するでしょう。

安倍政権下では、高額な兵器をいくつも相手の言い値で買い、アメリカの軍需産業のポケットを一層豊かにしていきます。軍産複合体に関しては、アメリカ大統領アイゼンハワーが一九六一年の退任演説で警鐘を鳴らしていました。「軍産複合体が、意識的にであれ無意識的にであれ、不当な勢力を獲得しないよう、我々としては警戒していなければならない。この勢力が誤って台頭し、破滅的な力をふるう可能性は、現に存在しているし、将来も存続し続ける」という指摘は、まさにそのとおりです。かつては、戦争があるから軍需産業が栄えるのだといわれました。今は違います。軍需産業を栄えさせるために、戦争が引き起こされるといわれて久しくなりました。

日本経団連による「防衛産業政策の実行に向けた提言」(二〇一五年九月一五日)では、安保法制の成立を経済界としては歓迎し、武器輸出を国家戦略として推進し、アジアに武器を売り込んで紛争地域にすることを国際貢献として提言しています。しかし、日本の武器は、まだコストが高く、しかも実戦の場で試していませんから、競争力がないために売れません。軍需産業を存続させ成長させて他国との競争に勝ち残るためには、仮想敵国を作り危機を煽り、戦争を望むようになるでしょう。

財政負担は増税によって国民に押しつけられ、税収が追いつかなければさらなる財政悪化によって破綻国家となる危険が迫ってきます。

(3) 民間企業や市民の軍事徴用

戦争では、民間企業も軍事徴用され、勝つためには何もかもが総動員されていきます。医療、建築、土木、運輸、武器修理の技術者、ＩＴ技術者、ありとあらゆるものが、普段から準備・訓練され、必要であれば戦地に赴くことが強いられ、当然、攻撃目標となってしまうわけです。一九四一年から終戦までの間にマグロ・カツオ漁船を含めて一六〇〇隻ほどの民間船が徴用され、その多くが沈められました。民間人がそうして殺されていきました。

今回の安保法制が施行されるにともない、海上予備自衛官制度が発足しました。二隻の民間大型フェリーが、防衛省が関与して新たに作られた特別目的会社に売却され、平時は通常の商業輸送を、訓練や有事の際には自衛隊の指揮命令下に入り、自衛隊や米軍の物資を運ぶことになりました。新会社に移籍もしくは新採用される船員は予備自衛官になることが前提とされています。有事の際に就労を拒否すれば罰則が待っており、これは徴用以外の何ものでもありません。

（4）差別、弾圧、格差の蔓延《まんえん》と社会の分断

そして、戦争をする国になると、差別、弾圧、格差が蔓延し、社会が分断されていきます。ヒトラーはその『我が闘争』の中で書いた「人種の純粋保持に努めなければならない。身体的にも精神的にも不健康で、価値なき者は、その苦悩を自分の子どもの身体に伝えてはならない。」という思想のもとで、一九三三年七月には強制断種法（遺伝病子孫予防法）を制定し、精神、身体に関わる八つの疾患と重度アルコール依存症を法定遺伝病とし、患者への強制断種を認めました。その結果、約四〇万人が犠牲になります。これがヒトラー政権の優生政策の原点となり、最終的には、一九三九年八月に安楽死殺害政策計画を実施します。不治の患者、遺伝病患者、心身障害

者などを国の戦争遂行に支障をきたすとして組織的に抹殺し、二一万六〇〇〇人が犠牲になりました。

戦争は差別や弾圧とともにやってくるのです。そして、ここで培われたいわば大量殺人の技術がホロコーストに引き継がれていったといわれています。

こうした差別や弾圧は、ヒトラーだけの専売特許ではありませんでした。イギリスでも、戦争プロパガンダが行われ、戦争に反対する者が裏切り者として差別されました。

（5）力による支配の正当化

そして、戦争およびその準備により、格差はさらに広がり、さまざまな社会のバランスが崩されることになります。何よりも、力の支配というものが正当化されるような社会になってしまいます。

戦争は力、暴力を通じて勝つことを目標にします。そのことが、社会の雰囲気も変えてしまいます。家庭内暴力（ＤＶ）やパワハラ、ヘイトスピーチ、それらが蔓延し、敵をつくって相手を打ち負かすことをよしとします。そんな社会では、やさしさや思いやり、共存、多様性とは逆方向の社会に変わっていってしまうのではないでしょうか。

そして何よりも戦争は人を手段、道具にしてしまいます。人間はどうせその手段、道具に過ぎないという考え方が蔓延するなかでは、特に外国人労働者は会社の利潤追求のための道具として扱われるようになります。接客においてはお客様第一とされ理不尽に耐え、残業を強いられ、休日も取りにくい。耐えること自体が美徳、そんな社会にどんどん変わっていくおそれがあります。

(6) 特定秘密保護法、マイナンバー、共謀罪

戦争に必要な特定秘密保護法、マイナンバー、共謀罪によって、これらが本格的に適用されると社会は一変します。本来国民のものであるはずの情報が秘密にされ国民は必要な情報をもとにした適切な判断ができなくなります。逆に国民のプライバシー情報は、国家にマイナンバーで全部吸い上げられ、国にとって都合の悪い言動は早期にその芽を摘んでしまうために共謀罪が威力を発揮することでしょう。立法事実がまったく不明確なまま、テロ対策という偽りの名目のもとに日本の刑事法体系の根幹が変えられてしまいました。戦時刑法の第一歩ともいえる共謀罪です。これらによって、国民は統治の主体から客体におとしめられてしまいます。主権者であるはずの国民が統治の客体、支配の対象、昔の臣民にさせられてしまうのです。

4 日本の国柄を変えてしまう

(1) 国防国家への変貌《ぼう》

個人が被害を受け、社会を壊すだけではありません。日本の国柄そのものを決定的に悪い方向へ変えてしまい、国防国家へと変貌していきます。

戦前、一九三六年の二・二六事件を契機として、日本は、国防を国家の至上目的とし、国内体制をこれに適応させ、国家、国民の総力をこれに集中した国家を至上目的とする高度国防国家を

目指しました。治安維持法による思想言論弾圧、皇民化教育による神権的国体思想の思想統一、軍機保護法（一九三七年改正）による情報統制、さらに国家総動員法（一九三八年）や大政翼賛会（一九四〇年）で完成に向かいます。

憲法改正によって自衛隊が明記されれば、国民投票によって民主的正統性を与えられたとして、戦前のような高度国防国家へと進む可能性がきわめて高くなるといえます。市民間では、批判する人が非国民呼ばわりされ、糾弾される風潮も出てくるでしょう。政府ではなく市民相互の罵《のの》り合いによって、異論、反論を許さない社会ができあがっていくのは想像するだけでも恐ろしいことです。

こういった戦前の悪夢を否定するところに、今の私たちの憲法があるはずです。ここで軍隊を持ち、戦争する国になることは、またそうした暗黒の時代に逆戻りする危険を意味します。

（2）平和国家のブランド価値を失うこと

そして何よりも平和国家としての高いブランド価値を失ってしまいます。私たちの憲法のもとでは、戦力は不保持、交戦権は否認され、集団的自衛権は行使できません。戦後、日本が平和国家としてのブランドを守り、平和外交によって、これを築き上げてきました。武器輸出三原則も非核三原則と並び、ブランドを支えてきました。それらが平和国家の土台、日本のソフト面でのインフラを築き上げてきました。

戦争する国になれば、国際社会から日本と日本人を見る目が変わります。たとえば、ＮＧＯのみなさんたちが紛争地域で国際貢献することが困難になります。戦争をする国になることにより、日本の平和国家ブランドの価値が下がることは、大きく国益を損ねることでしょう。

本来、憲法が予定している国際貢献は、核・生物・化学兵器の全面禁止などを積極的に推進し、核兵器廃絶と軍縮において国内外でイニシアティブをとることです。そして、紛争後の復興支援のため、武装解除、インフラ整備、農業支援、産業支援、財政援助、教育支援、法整備支援を行うこと。そして何よりも、紛争が起こらないように、紛争の原因除去のための積極的活動を行うことを想定しています。飢餓、貧困、疾病、災害、人権侵害、環境破壊、経済と教育の格差といった構造的暴力をなくすために、国際社会において積極的な役割を果たすことが、憲法が目指す本来の積極的平和主義です。安倍政権がいうところの積極的平和主義は、自衛隊などの軍事力を積極的に世界で展開する軍事積極主義であり、憲法の要請するものとはまったく方向性の異なるものです。

先に述べたように、日本国憲法は、「人間の安全保障」という国連の考え方を先取りしています。軍事力だけが国際貢献なのではないというのが、日本国憲法の目指すところなのです。

ペシャワール会の中村哲先生はアフガニスタンに何十年も行き、荒れ果てた大地を緑の大地に変えてしまいました。戦争で荒廃し、作物もつくれないという大変なところに出かけ、井戸を掘るところから始めて、作物の作り方を教え、現地のみなさんと共に灌漑用水を引いて、人々の生活を一変させました。戦争しない国、日本から来たということで、地元の部族のみなさんたちの信頼を得て、みんなで協力し合いながら、荒れ果てた荒野を緑の大地に変えていくのです。一切の武器を使わない。こうしたことが本来、日本が実践すべき国際貢献ではないでしょうか。

（3）日米軍事同盟が加速し、自衛隊が米国の二軍化する

戦争する国になれば、アメリカの下請けとして日本の若者が犠牲になります。徴兵制の可能性も生まれます。自衛隊は、アメリカから有事のみならず平時からの軍事的な協調行動を求められ、周辺国有事の際のみならず、地域を限定せず、地球の裏側までも米軍の後方支援をすることを求められます。軍事一体性がこれまで以上に加速していくことになり、その結果、自衛隊は米軍の下請け（二軍）組織になることでしょう。米国の国益のために、日本の若者が犠牲になるおそれがあるのです。

アメリカの戦略核爆撃機と一緒になって北朝鮮を威嚇する日本の自衛隊機の軍事訓練は相手から見たらどう見えるでしょうか、まさに一体化そのものです。

イラク支援のため、二〇〇四年から二〇〇九年の五年間で、延べ約一万人の自衛隊員が派遣されました。二〇一四年に放送されたＮＨＫの「クローズアップ現代」では、イラクからの帰還後に二八人の自衛隊員が自殺したと報告されています。ストレス障害に苦しむ隊員は全体の一割から三割に上るとされており、ＰＴＳＤなどの被害は正確に把握できていないと思われます。非戦闘地帯にいて、戦闘に直接関わらなかった隊員にすらこのような影響が出ているのに、安保法制法の審議で政府は、自衛隊のリスクは高まりませんなどと無責任なことをいうわけです。自衛官の方々の命をいったいどう考えているのだろうと思います。

戦争する国になれば日本国内でもテロが起こる可能性が高まり、民間航空機や鉄道、原発施設などがテロや戦争の標的になる危険が生まれます。

(4)沖縄への弾圧、差別、無視と国家の分断

戦争する国になると、沖縄への弾圧、差別、本土からの無視により、この国が分断されてしまいます。在日米軍施設の約七〇%が沖縄にあり、沖縄本島の一八%を米軍基地が占めています。アメリカ国外最大の空軍基地である嘉手納基地、海兵隊のヘリコプター部隊が唯一常駐する普天間基地、海兵隊の実戦部隊の一つである「第三海兵遠征軍」の司令部が置かれるキャンプ・コートニーが集中しています。さらに、日本の自衛隊の部隊が、与那国島、宮古島、石垣島などにも配備されました。この過重な基地負担を沖縄に強いて、この沖縄への基地の集中、そして環境破壊、差別の拡大、本土との意識の分断などについて、沖縄の立場に立ってもう一度考えてみなければなりません。

沖縄戦における米軍の最初の上陸地である、渡嘉敷島《とかしき》、座間味島《ざまみ》では家族や親族単位で集団自決(強制集団死)が多数発生し、その数は一〇〇〇人以上といわれています。「集団自決」とされていますが、決して自らの意思で死を選んだわけではなく、国、そして軍から強制された「集団死」の悲劇です。鉄の暴風といわれる徹底的な艦砲射撃による攻撃、本島南部での住民を巻き込んでの戦闘が行われました。そして、日本軍による略奪と住民の殺害が日本「軍」と日本の兵士により行われたのです。

軍隊は、国民を守りません。これは、軍事の常識です。これが世界標準であることを、私たちは知っておかなければなりません。

沖縄では、戦争被害を受けたみなさんたちが、今もPTSDで苦しんでいます。そして、戦後

も「銃剣とブルドーリザー」による強制収用によって基地がつくられていきました。

そのようななか、沖縄の多くのみなさんたちが反対の声を上げ、もう怒りや悲しみの限界を超えています。かつては本土と沖縄には「温度差がある」といわれました。少し前から、「差別されている」という言葉に変わりました。最近は「無視されている」といわれます。今の沖縄は、明日の本土だということを本土の人間はしっかり自覚しなければなりません。

5　世界（地球）への影響

戦争は個人を否定し、社会を崩壊させ、国柄を変えてしまうという日本国内の理由だけでなく、日本が戦争する国になることは、世界、地球に重大な悪影響を及ぼしてしまうことも忘れてはなりません。

（1）北東アジアを含めた世界平和への貢献が困難になる

北東アジアには冷戦時代の分断や対立がまだ残っています。米中露という核兵器保有国が存在しています。北方領土、竹島、尖閣をめぐる領土紛争が残っており、歴史問題も解決していません。そのうえ、地域的安全保障の枠組みがいまだありません。こうした大きな問題を抱えてしまっていますが、北東アジアは、文化的にも経済的にも緊密な永久の隣人同士であるという現実を忘れてはなりません。隣国を嫌いだからといって、引っ越したりはできません。永久の隣人なのですから、うまくやるしかありません。それでは、うまくやっていくにはどうしたらいいのでしょうか。

ここで、五〇数年前に締結され、戦後フランスとドイツの和解の土台となった「エリゼ条約」が参考になります。一九六三年にアデナウアー首相と、フランスのドゴール大統領によってこの条約が締結されました。今や、両国に戦争の可能性があると考える人はいないでしょう。ドイツ、フランス駐日大使は、「独仏両国は今後もこの道を歩んでいく。対立がもたらす代償がいかに大きく、和解から得られる利点がいかに大きいかを歴史の教訓から知った」からだと共同の声明を出しています。

私たちも、歴史に真摯に向き合い、そして何よりも憲法九条が掲げた徹底した恒久平和主義を基本として、アジアに貢献していくことが必要なのではないでしょうか。

私たちが戦争する国になれば、北東アジアを含めた世界平和への貢献が困難になってしまいます。憲法九条を持つ日本は、本来、平和構築の点でリーダーシップをとることができるし、とるべき立場にあるのではないでしょうか。

6　戦争を許さない。そして未来への責任を果たす覚悟

東西冷戦の象徴であったベルリンの壁が一九八九年一一月に崩壊しました。そのことに関連して元沖縄県知事の太田昌秀氏が「壁の向こうに友人、理解者、仲間を作れば、壁は壁でなくなる。」というイタリアのダニーロ・ドルチ氏の言葉を紹介してくださいました。物理的な壁の問題ではなく、私たちの意識、心の問題だったのです。

戦争は、個人に甚大な被害を及ぼし、社会を劣化させ、日本国の価値を貶め、さらに世界（地球）への負の影響は限りなく大きいものです。ですから、私たちは戦争を絶対に許しません。歴史の中という時間軸で、九条の意義を今一度、再確認する必要があります。そして、世界の中という空間軸で、憲法九条の意義を再確認するべきです。知性と理性によって現実的に考えることが何よりも大切なことなのではないでしょうか。

私たちは、殺し合うために生まれてきたのではありません。人類の命の鎖を次につなげていく、そのために今ここにいるのではないでしょうか。私たち一人ひとりは、地球上では本当に小さな存在ですが、私たちには大きな責任があると思います。こうした時代だからこそ、人類の進歩に貢献する憲法九条を堅持する責任が今を生きる私たちにはあるのではないでしょうか。

第六章　平和憲法の成立とその社会的意義

1　はじめに

日本国憲法が施行されてから七二年が経ちます。どんな政権になろうが、どんなに政治が動こうが、私たちのこの憲法が、この国の自由と平和、その下支えをしてきました。この国の最も重要なソフト面のインフラ整備が今から七二年前に行われたといってよいでしょう。私たちは戦後七四年、この憲法のもとで七二年、戦争をしない国をつくり上げてきました。

第二次安倍政権になって以降、日本国憲法は、制定以来最大の試練に直面しています。従来の憲法解釈が解釈の枠を超えて変更され、集団的自衛権の行使を認め、武力行使一体化論を緩和し、武器使用を拡大しながら、海外での武力行使が可能になるように安保法制が改変されました。一部の政治家からはこの憲法は戦勝国からの押し付けであるとして、自主憲法制定や、自衛隊明記などの改憲を進める動きもみられます。

そもそも国会議員には、憲法九九条で規定された憲法尊重擁護義務があり、どのような安全保障政策であっても、憲法の枠の中で実現しなければならないはずです。憲法によって国家権力を制限し、個人の人権を保障することを立憲主義といいますが、この近代立憲主義が確立するまでの流れをふまえ、明治憲法を経て日本国憲法が成立した経緯と、憲法が持つ社会的意義について九条を中心に考えてみます。

2　近代立憲主義の成立

法によって権力を制限し、権利を保障しようとする立憲主義の起源は、中世のマグナカルタまで遡ります。今から八〇〇年ほど前にイギリスのジョン王の横暴に耐えかねた当時の貴族は、王といえども守らなくてはいけない法を文書として突きつけました。こうして国王の権限を制限する「マグナカルタ」という憲法がつくられ、その後国民の権利・自由を明記した権利章典として実を結びます。このマグナカルタや権利章典は、国王の権力濫用に人々が抵抗し、自由を求めて戦った成果だといえます。

この立憲主義の精神は、貴族や僧侶など、一定の身分を持った人々の特権を国王から守る、中世立憲主義ともいうべきものでしたが、その後アメリカやフランスにも引き継がれ、市民革命を経て、一人ひとりの人間を個人として守る近代立憲主義として完成していきます。

アメリカではイギリスからの圧政に対する独立戦争を経て、一七七六年に「人は生まれながらに生命・自由・幸福追求に対する固有の権利を有する」とする独立宣言がなされます。フランスでは、ルイ一六世の課税強化に端を発したフランス革命（一七八九年）を経て、人権宣言が採択され、政府の組織を定めた一七九一年憲法がつくられました。

このように、それぞれの国と時代において共通するのは、不条理な圧政に苦しんだ人々が自由を求めて闘い、その成果として、権利章典、独立宣言、一七九一年憲法が成立したという点です。近代立憲主義はこのように、圧政に抗う人々の闘いによって勝ち得た思想であり、そうして得られることによりはじめて、その国のかたちとして熟成し、そこに深く根付いていったといえます。

3　近代立憲主義の流れを組む日本国憲法

（1）明治憲法から日本国憲法へ

これらの国に対して日本は、ドイツと同じように遅れて近代化を目指しました。アメリカやフランスのような市民による自由を求めた戦いは行われず、「上からの近代化」の一環として、権力者側に都合のよい憲法がつくられていきました。

どのような点で明治憲法は、権力者側に都合のよい憲法だったのでしょうか。

明治憲法では、天皇は現人神《あらひとがみ》として、立法・行政・司法の権力すべてを一手にまとめる立場、すなわち統治権の総攬《そうらん》者としての地位にありました。国民は、臣民、すなわち天皇に支配される人と位置づけられ、自由の保障も薄く、「臣民の権利」として、法律でどうにでも制限できたのです（法律の留保）。そして、天皇への忠誠を支えたのが教育勅語です。国が教育に介入し、神である天皇に命を捧げることが尊いことだと教えられました。

このように、実質的な権力者が天皇を通じて国民を自由に操ることができることが、明治憲法の最大の特徴といえます。

たしかに、このような天皇主権の国家体制は、一方で、明治から昭和初期の間、国民を統合して国力を強めることに役立ったのは事実です。しかし、他方で大きな弊害ももたらしました。その最たるものは、国家権力を暴走させて戦争を続けてしまったことです。

日本を「天皇を中心とする神の国」と捉える皇国史観を背景に、戦争するかどうかに議会の関与を否定する統帥権の独立のもと、軍部をコントロールできず、暴走を許しました。治安維持法による思想言論弾圧、皇民化教育による神権的国体思想の思想統一、軍機保護法（一九三七年改正）による情報統制などで高度国防国家を目指すようになり、国家総動員法（一九三八年）、大政翼賛会（一九四〇年）を経て戦争に突き進んだのです。

その結果、台湾出兵（一八七四年）以来七一年間戦争をし続け、太平洋戦争ではアジア諸国で約二〇〇〇万人、国内でも約三一〇万人の犠牲者を出すに至りました。

明治憲法は、残念ながら見かけ倒しの立憲主義（外見的立憲主義）に過ぎませんでした。天皇の統治権は絶対無制約ではなく、憲法に拘束されており（明治憲法四条）、憲法で権力を拘束するという立憲主義の基本は規定されているため、外から見ると立憲主義に見えるけれども、何のための立憲主義なのか、なぜ憲法で権力を縛らなければならないのか、その目的がしっかりと自覚されていなかったのです。

こうしたことへの大きな反省から、日本国憲法では、神権的「国体」思想が完全に否定されました。すなわち、戦前の神権天皇、軍隊、宗教の三位一体構造が解体され、象徴天皇制、九条による戦争放棄、政教分離を規定することによって、民族主義的色彩を除去し、全体主義が否定されたのです。

戦争体制は改められ、憲法九条で「戦争放棄・戦力不保持・交戦権否認」の平和三原則が明記されました。自由も自然権、すなわち国家以前の自然状態で人が生まれながら持つ天賦人権として保障され、法律によっても侵し得ないものとされました。

施行の前年に「人間宣言」をしていた天皇は、もはや神ではなくなったことで、政治権力を行使する正統性の根拠も失い、政治に関わりをもたない「象徴」と位置づけられました。代わって政治を動かす力を国民が持つ国民主権が明記され、権力を天皇に集中させていた明治憲法体制を改め、国家権力の作用を立法・行政・司法に分けて国会・内閣・裁判所に帰属させる三権分立体制がとられることになりました。

皇国史観を支えた教育勅語も廃止され、教育への国の介入を禁じて子どもの学習権を保障し、子どもが自由かつ独立の人格として成長できるようになりました。

憲法一三条前段では「すべて国民は個人として尊重される。」とはっきり明記され、さらに違憲審査制を持つ徹底した「法の支配」を採用して、裁判所の役割が重視（司法権の独立）されました。このように日本国憲法は、それまでの外見的立憲主義から個人の尊重を基礎とした真の立憲主義と呼べるものとなり、近代立憲主義憲法の正統派の流れを継承したといえます。

(2) 国民によって制定された憲法

この憲法を戦勝国からの「押しつけ」だと捉える考え方もあります。しかし、日本国憲法の事実上の原案となったのは、憲法史・政治史の研究者である鈴木安蔵氏が、憲法研究会においてまとめた憲法私案「憲法草案要綱」であり、これに大きな影響を受けて作成されたＧＨＱ案が、普通選挙で選ばれた代表者で構成される国会で審議され、条文が追加され、さまざまな修正を含めて審議し、議決されていきました。審議し議決したのが日本国民である以上、日本の国民がつくった憲法であり、押しつけ憲法でもマッカーサーがつくった憲法でもありません。特に九条については、次の章でも触れますが、憲法草案作成当時の総理大臣であった幣原喜重郎氏からの提案がきっかけになったといわれています。さらに、制定後七二年以上、国民が憲法として受け入れてきた事実はこの憲法の正統性を根拠づけるものといえます。

「押しつけ憲法」という言葉が初めて出てきたのは、一九五四年の自由党の憲法調査会のときで、かつて明治憲法の体制を維持する「憲法改正要綱」をＧＨＱに拒否された松本蒸治《じょうじ》氏が感情的に押しつけられたと発言し、それが「押しつけ憲法」という決まり言葉として政治的に利用されてきただけのことです。

4　近代立憲主義をさらにすすめた憲法九条

中世立憲主義から、近代立憲主義という流れをみてきましたが、前文や九条をみると日本国憲法は、さらに一歩進めて、平和まで憲法の目的に取り込んだ、いわば次のステージの立憲主義を採用しているといえます。

日本国憲法はその前文で、「わが国全土にわたって自由のもたらす恵沢を確保」すなわち、人権保障のために憲法を制定したと宣言していますが、さらに「政府の行為によつて再び戦争の惨禍が起ることのないやうにすることを決意し」として、政府に二度と戦争をさせないために憲法をつくったと宣言し、憲法九条、前文の平和的生存権規定を設けています。

そして、同じく前文にある「諸国民の公正と信義に信頼して、われらの安全と生存を保持しようと決意した」を基本的な考え方として、近代立憲主義の個人の尊重をさらに一歩進め、個人の尊厳の尊重を徹底して確保するために、個人を国家の戦争の道具にしない（一切の戦争放棄）、国家同士の多様性をも認め合える関係を外交努力によってつくっていくこと（平和的生存権の保障、人間の安全保障）を政府に要求する、徹底した恒久平和主義を憲法の目的にしています。

「普通の国」では、戦争をするかどうかはそのときどきの国民の意思に従って政府が決め、民主的にコントロールされているのであれば、戦争をも肯定するのが普通の国の憲法です。しかし日本国憲法では、たとえ民主的手続によって正当化されたとしても、戦争だけは絶対に政府にさせないように規律しており、この点が普通の国の普通の憲法とは大きく異なっています。多大な被害をもたらした戦争だけは、二度と政府にさせてはならないとして、憲法の目的にしたのです。

そして特筆すべきは、日本国憲法は国連憲章ができた後、人類が核兵器を使ってしまった後にできたものだということです。一九四六年八月二七日の貴族院議会において幣原喜重郎《しではらきじゅうろう》国務大臣は、以下のように九条起草の信念を述べています。「破壊的武器の発明、発見が、此の勢を以て進むならば、次回の世界戦争は一挙にして人類を木っ葉微塵に粉砕するに至ることを予想せざるを得ないであらう。……今日の時勢に尚国際関係を律する一つの原則として、或範囲内の武力制裁を合理化合法化せむとするが如きは、過去に於ける幾多の失敗を繰返す所以でありまして、最早我が国の学ぶべきことではありませぬ、文明と戦争とは結局両立し得ないものであります、文明が速かに戦争を全滅しなければ、戦争が先づ文明を全滅することになるでありませう、私は斯様な信念を持つて此の憲法改正案の起草の議に興ったのであります」。つまり、人類が核兵器を持ってしまった時代における憲法九条の先駆性を指摘しているのです。

5　憲法九条のもとで日本が果たす役割

憲法第二章では、「戦争の放棄」という標題のもとに九条を置き、そこで戦争の放棄、戦力の不保持、交戦権の否認を定めています。この九条の目的には、次のような消極・積極の両面の目的があるといわれています。

第二次大戦まで日本は世界から侵略的な好戦国と見られており、このような負のイメージを払拭することなくして、国際社会の一員になることは困難でした。そこでまず、国の基本法である憲法で戦争放棄を宣言し、その疑念を払拭しようというのが本条の消極目的です。

次に、積極目的ですが、本条の「日本国民は、正義と秩序を基調とする国際平和を誠実に希求」にあらわれています。すなわち、日本が世界に先駆け、平和主義をリードする国として積極的に行動し、率先して世界平和を実現する役割を担う決意がこめられているのです。安全保障の手段として軍隊を持つ「普通の国」とは異なり、軍事力によらずに安全保障を実現する、いわば積極的非暴力平和主義というべきものです。「個人の尊重」を最高価値とする立憲主義が、西欧近代憲法に共通する「人類の叡智《えいち》」であるのに対して、ここで示される積極的非暴力平和主義は、「日本の叡智」といっていいでしょう。

この積極的非暴力平和主義のもと、日本が果たすべき役割とは、具体的には、たとえば軍拡競争のような意味のないゲームには参加せず、とかく対立しがちな国際社会において中立を保ちながら、ときにゲームそのものから離れ、ときにその仲裁役を買って出る。そして無意味なゲームそのものをやめさせる。このような軍事力を手段としない平和的国際協調主義にのっとる行動こそが、平和主義をリードする国としてなすべき役割だといえます。

中立の立場から、軍拡競争をやめさせる仲介役を果たすには、それこそ地球を俯瞰《ふかん》した外交安保政策が求められます。アメリカはもちろん、ＥＵやアジア、アフリカとの関係もうまく築き上げることが求められており、アメリカに追随するだけではおよそそのような役割を果たすことはできません。日本のような資源に乏しい小さな国が、二国間だけの「安保体制」で生き残ることはきわめて困難です。何より、安全保障問題を人間の安全保障の見地から捉えれば、まずなされるべきなのは「対話」であって「圧力」ではありません。他国に対し軍事的脅威を感じて身構える前に、まず、それに対応する日本の大きな国家ビジョンを組み立て、それを内外に示し、そこから国家間の対話を通じて関係を再構築すべきであり、対米追随に終始するようでは、憲法が想定する真の意味での国際協調主義とはほど遠いといわざるを得ません。

6　憲法九条が示す安全保障政策

現在の日本の安全保障政策は、安保法制法を成立させ集団的自衛権行使を可能にするなど日米同盟に基づく抑止力強化の方向で一貫しています。これについて安倍政権は、北朝鮮や中国などの軍事的脅威に対抗するためには、自衛隊員がアメリカのために血を流すことで、日米同盟をより強固なものにし、日本の平和と安全を確かなものにするという根本思想を明示しています。

しかし、抑止力論に基づく安全保障政策は、たとえ自国の安全のためにとった措置だとしても、かえって相手国に緊張を与え、その対抗措置により自国の安全が阻害される「安全保障のジレンマ」に陥《おちい》りかねません。その結果、一触即発の危機が生まれ、国の安全はかえって損なわれることになります。たとえば、二〇一八年六月の米朝首脳会談の以前に自衛隊が行った米海軍空母などとの共同訓練によって、戦後初めて、北朝鮮から日本国民が「攻撃の対象」と名指しで非難される事態が生じていました。

憲法九条は、軍縮や非暴力によって国際貢献を進めるという国家の方向性を示しています。そのためには、抑止力強化ではなく、相手に日本から攻撃されることはないという安心感を与えるという「安心の供与」を安全保障政策の基本とすべきです。同時に、たとえば、日中双方は互いに輸出入の最大相手国であり、仮に、武力衝突をすればたちどころに経済・金融が破綻の危機に直面し、軍事力は国益問題の解決に不合理きわまりないものであることを両国の政治・経済・社会の各層の間で冷静かつ着実に共有していく取り組みなどが求められています。

他国の軍拡路線に惑わされて、日本が抑止力の名のもとに軍拡を目指すことは、こうした九条の基本的な安全保障の軸がぶれることを意味し、それは、日本のみならず、アジア、ひいては世界の安全保障に大きなダメージを与えることになりかねません。

日本が、アジアの一員として将来にわたって繁栄を維持し続けるためには、大陸や朝鮮半島の国々と適切な協力関係を築き、アジアにおける集団安全保障の枠組みをいかにつくっていくかというテーマこそ粘り強く議論しなければなりません。アジアでは、経済問題のみならず、エネルギー問題、環境問題、自然災害対策など私たちの生存に必要な課題が山積しています。こうした脅威から人々の安全を確保するのに必要なのは、アジア各国との信頼関係、協力関係の構築であり、軍事力強化では決してありません。

このように、憲法九条には、専守防衛に徹しつつ、他国への「安心の供与」や真に合理性のある非軍事手段の追求を基本とすることで、日本国民および地域の人々の安全を確保していくというという安全保障政策の方向性を指し示すものとして、かけがえのない存在意義があります。

第七章　憲法改悪に向けての歴史的変遷——軍事立国への衝動

1　ポツダム宣言の受諾

前述のとおり、わが日本国憲法は一九四五年八月一五日の敗戦を踏まえて成立しました。その一か月前の七月に米、英、中の三国はポツダム宣言をまとめ、日本に降伏を迫りました。そのポツダム宣言では「言論の自由を守り、基本的人権を尊重し、平和な政府を作る」ことを求め、日本はこれを八月一四日午後一一時に受諾したのです。安倍総理は二〇一五年の国会でこのポツダム宣言を「つまびらかには読んでいない」と答弁しましたが、これは一国の総理の発言として言語道断です。また、安倍総理は法学部出身ですが五年前の三月の参議院予算委員会において「個人の尊厳の尊重」という日本国憲法の目的そのものを定めた一三条の存在も意味もまったく答弁できず（しかも、一三条は歴代政府の九条解釈において自衛隊を合憲に導く唯一の根拠条文です）、憲法学の第一人者で最も高名な芦部信喜教授を「存じ上げていない」と答弁して、多くの人々に驚きと失笑を与えました。このこと一つをとっても安倍総理は日本国憲法に真剣に向き合ったことがあるのか、はなはだ疑問といわざるを得ません。

2　幣原喜重郎《しではらきじゅうろう》氏の貢献

九条に象徴されるわが平和憲法の成立と内容については前章で詳しく述べたところですが、ここで補足的ながら憲法九条の制定過程についてどうしても述べておきたいことがあります。自民党や保守的なジャーナリストはしきりに「日本国憲法はアメリカから押しつけられたものである」と宣伝していますが、これはまったく事実に反しています。

このことについては岩波書店の月刊誌である「世界」の二〇一八年六月号で笠原十九司《とくし》という歴史学者（都留文化大学名誉教授）が「憲法九条は誰が発案したのか」という論文を発表しましたが、そこでは憲法九条の起案者はマッカーサーでなく、憲法草案作成当時の総理大臣であった幣原喜重郎氏であったことを明言しています。この「世界」の論文はみなさんにもぜひお読みいただきたいのですが、次の一節だけはどうしてもここでご紹介したいと思っています。

それは幣原氏が敗戦日である八月一五日に述べた言葉です。

「玉音放送で無条件降伏を知って呆然とした気持ちで家に帰る電車の中で、三十代ぐらいの元気のいい男が大きな声で向かい側の乗客に向かって『なぜ戦争をしなければならなかったのか……なぜこんな大きな戦争をしなければならなかったのか……戦争は勝った勝ったで、敵をひどく叩きつけたとばかり思っていると、何だ、無条件降伏じゃないか。足も腰もたたぬほど負けたんじゃないか。おれたちは知らん間に戦争に引き入れられて、知らん間に降参する。怪しからんのはわれわれを騙し討ちにした当局の連中だ』と、盛んに怒鳴っていたが、しまいにはおいおい泣き出した。車内の群集もこれに呼応して、そうだそうだとワイワイ騒ぐ。私はこの光景を見て、深く心を打たれた。彼らのいうことはもっとも至極だと思った。」

そして、次のように続けています。

「私は図らずも内閣組閣を命ぜられ、総理の職に就いたとき、すぐに私の頭に浮かんだのは、あの電車の中の光景であった。これは何とかしてあの野に叫ぶ国民の意思を実現すべく努めなくてはいかんと、堅く決心したのであった。それで憲法の中に、未来永劫そのような戦争をしないようにし、政治のやり方を変えることにした。つまり戦争を放棄し、軍備を全廃して、どこまでも民主主義に徹しなければならないということは、他の人は知らないが、私だけに関する限り、前に述べた信念からであった。それは一種の魔力とでもいうか、見えざる力が私の頭を支配したのであった。よくアメリカの人が日本へやって来て、こんどの新憲法というものは、日本人の意思に反して、総司令部の方から迫られたんじゃありませんかと聞かれるのだが、それは私の関する限りそうではない、決して誰からも強いられたのではないのである。」

そして幣原氏はそのことを胸に秘め、マッカーサー元帥と一九四六年一月二四日に二人きりで会って憲法九条の戦争放棄を提案したのです。そしてその翌日の一月二五日、マッカーサーはトルーマン大統領に電報を送り、象徴天皇制と戦争放棄の基礎を築いたといわれています。

笠原氏は、この論文の最後を次のように結んでおられます。

「今年は明治維新以後一五〇年になる。この時代は、帝国憲法の下で、日本が朝鮮や中国などアジアへの侵略戦争を繰り返した一九四五年までの七十余年と、日本国憲法下に平和を維持してきた戦後の七十余年とに大きく分かれる。朝鮮戦争やベトナム戦争、湾岸戦争などに自衛隊を参戦させようというアメリカ政府の圧力が加えられてきたが、辛うじてそれを阻止し、戦死者を出さずにきたのは、憲法第九条の存在があればこそである。それが現在、『戦後レジームを克服して『強い日本を取り戻す』と豪語する安倍政権によって、憲法九条は骨抜きにされ、日本は再び戦争する国、戦争できる国へと移行しつつある。安倍・自民党政権がめざしているように、二〇二〇年の東京オリンピックの年に大日本帝国憲法を彷彿とさせる自民党憲法草案にもとづいた新憲法が施行される危険性もある。本稿で明らかにしたように、幣原喜重郎が憲法九条を発案して『直訴』し、日本国憲法の柱にした背景には、日本国民が再び悲惨な戦争に巻き込まれてはいけないという『八月一五日』の体験があったことを改めて想起したい。」

3　アメリカの対日政策の転換

さて、みなさんご存知のように、一九四七年五月三日に新しく施行された憲法九条において、日本は決して戦争をしない、そのために①兵隊も軍艦も飛行機も、およそ戦争をするためのものは一切持たない（戦力の放棄）、②他国と争いごとが起こったとき、決して戦争によって解決しない（戦争の放棄）としました。この説明は当時の政府・文部省作成による『あたらしい憲法のはなし』に記されています。これは、一九四七年八月に中学一年生用の社会科の教科書として書かれたものですが、その後の政治情勢から一九五〇年四月には「副読本」に格下げされました。

アメリカの対日政策が現実的に大きく変わったのは一九五〇年六月二五日に勃発した「朝鮮戦争」、いわゆる「東西冷戦」の始まりでした。アメリカは日本に駐留していた米軍七万五千人を韓国に送り込んだため日本はガラ空きとなり、それを埋めるべく日本に「軍隊」をつくることに方針転換しました。

その結果、一九五一年八月一〇日に「警察予備隊」が発足したのです。私たちはこの時が戦後日本の歴史の重大な曲り角ではなかったかと思っています。

その当時アメリカの占領軍指揮者であったコワルスキーは、「私個人としては、あの恐ろしい戦争のあと、大きな希望と期待を持って生まれ変わった民主主義国日本が、国際情勢のためにやむを得ないこととはいえ、みずからその理想主義的憲法を放棄せねばならなくなったのは悲しいことであった」と述べています。

つまり戦力を一切排除して戦争を放棄したわが国の新憲法には世界の平和創造（Peace Creation）のために貢献する人類史的にも重要この上ない意義を有する使命が宿されていたのですが、この平和創造のための外交力やそれを支える最低限の国際的地位を形成する暇もなく、警察予備隊の設置という軍事路線による安全保障政策のみが先行することによって大きな転換を余儀なくされたのです。新憲法施行後わずか四年半足らずの出来事でした。敗戦後国内の民主的勢力もきわめて脆弱であったため、この事態に迅速適切に対応することができなかったことは実に残念でなりません。

そして一九五二年四月二八日、サンフランシスコ講和条約が発効して占領が終了しましたが同時に日米安全保障条約が締結され米国追従の外交安保政策に強力に絡め取られることとなり、その年の一〇月一五日には警察予備隊が改編されて「保安隊」となりました。

その後一九五四年には「自衛隊」と名称を変え、憲法の理念を活かす平和創造のための外交力の形成等がなされないまま一九六〇年の安保改定を経て、一九九六年の日米安保再定義により米軍の軍事活動への支援を定めた周辺事態法などが成立し、二〇〇七年一月には防衛庁は防衛省となり、自衛隊は世界有数の装備と約二四万人の組織に増強されています。

そして、ついには、第二次安倍政権における二〇一三年一二月の「国家安全保障戦略」の策定により、その第一方針に「（1）国際連合の活動を支持し、国際間の協調をはかり、世界平和の実現を期する。」と掲げる一九五七年から保持していた「国防の基本方針」を破棄し、積極的軍事主義たる「積極的平和主義」に外交安保の基本方針を転換し、その後の七・一閣議決定（解釈改憲）および安保法制を経て「戦争をする国」に変貌するに至ったのです。なお、注意すべきことは、安倍政権は、「この間において、米国政府から憲法規範を変更して米国のために集団的自衛権を行使できるようにして欲しいと要請されたことは一度もなく、そのような公文書も存在しない」と繰り返し答弁していることです。実は、一九六〇年安保改定の際に規定された日米安保条約第三条には「日本は米国のために集団的自衛権行使等をしなくてもよい」と明記されており（すなわち、安保法制は条約違反の法律としても無効なのです）、第二次安倍政権では前述した米国の対日政策の転換に留まらない、政策上の合理性・必要性が破棄された平和憲法の逸脱がなされていると考えることができるでしょう。

4　内閣法制局見解の大変更

ところで自衛隊に対する司法判断のポイントは「長沼裁判」です。住民が一九六九年に起こした訴訟に対して一審の札幌地裁は「自衛隊は憲法違反」としましたが、札幌高裁は「統治行為論」でこれを退け、最高裁も一九八二年に訴えの利益がないとして門前払いにしました。「統治行為論」とは、国家統治の基本に関する高度な政治性を有する国家の行為については、法律上の争訟として裁判所による判断が可能であっても、司法審査の対象から除外すべきとの理論です。

これに対して憲法学者の奥平康弘教授は「憲法解釈は政治的な問題でありうる。しかし憲法規範はこの点をみこんだ上で憲法八一条で体現されたように、憲法解釈機能をあげて裁判所にゆだねたのである」と批判されています。つまり「統治行為論」なる一般的理論などはないのであり、私たちはそのような主張はもっぱら司法の消極的姿勢をあらわす以外の何物でもないと考えています。

次に集団的自衛権の問題ですが、「個別的自衛権」が自国が他国から攻撃されたとき、自分の国を守る権利であるのに対して「集団的自衛権」は互いに助け合うグループを作り、その仲間が他国から攻撃されたら自国が攻撃されたと同じに考え、仲間の国と一緒になって攻撃してきた国と戦う権利です。

内閣法制局の四年前までの一貫した見解は「日本も独立国である以上、国家として集団的自衛権を持ってはいるが、憲法九条で戦争を放棄しているので他国を応援する戦争はできない。従って集団的自衛権を使えない」としたものでしたが、安倍総理から指名された横畠裕介現長官はその見解を大きく転換させて、集団的自衛権行使は憲法に違反しないという見解をまとめるに至りました。その経緯や内容については、東京地裁の安保法制違憲訴訟において証人として申請した宮﨑礼壹元内閣法制局長官が意見書において明らかにしているところですが、第三章にて詳しくご説明したとおり、きわめて犯罪的で歴史的な暴挙でした。

5　自民党の憲法改正案

自民党は野党時代の二〇一二年に憲法改正案を公表しましたが、そこでは集団的自衛権について「自衛権の発動を妨げるものではない」と明記し、「国防軍の設置」を認めるとしています。軍法会議も設置し、立憲主義については「全ての国民は憲法を尊重しなければならない」と規定し、政府や国会議員らが憲法を遵守する義務を負うと定めた九九条を大きく転換する本末転倒の論理を使っています。これについては新進気鋭の憲法学者である青井未帆教授が二〇一六年五月に発刊した岩波新書の『憲法と政治』の中で「憲法で政治を縛るという立憲主義の大原則を根底から覆すもの」と喝破されたとおりです。

つまり安倍政権の考えは「日本を国際社会の一員として、もっと具体的にいえば、アメリカの同盟国として一緒に軍事活動ができるようにしたい、そのためには海外で活動できる軍隊としたい」というものであり、これこそが、二〇一四年七月一日の閣議決定の源となった考えです。現行平和憲法と自民党の憲法改正案は人間観・国家観について本質的に異なるものであることをご理解いただけると思います。

ところで安倍総理は第一次内閣でやり損ねたことを全部やろうとして再登場しました。ご承知のとおり安倍総理は第一次内閣の二〇〇六年九月二日の所信表明演説で「総理官邸とホワイトハウスとの常時意思疎通」「集団的自衛権の検討」「日本国憲法の改正手続の法律制定」などを掲げていましたが、健康上の問題を理由に突如退任しました。

第一次安倍政権の幕をあれだけの失敗で閉じた安倍総理が驚くべき復権を遂げた背景は何だったかをきちんと分析する必要があります。

要約すると次の二点が大きかったと考えられます。

その第一は、野党時代の三年間における自民党のさらなる右傾化、すなわち穏健保守といわれていた宏池会と経世会の系譜の弱体化と、新右派連合の「創生日本」の台頭です。二〇一六年八月三日の内閣改造で大臣に就任した人物には「日本会議」の有力なメンバーでもあり、「右派政治家のエース」で次期総理候補といわれていた稲田朋美元防衛大臣や下村博文元文部科学大臣（現在は自民党の憲法改正対策本部長）をはじめ多くの政治家がこの「創生日本」のメンバーに加わっています。

その「創生日本の宣言」では、次のように述べられています。やや長い文章ですが、次の部分だけはご紹介しなくてはなりません。

「われわれは、戦後ただの一度も憲法を改正できず、自分の国を自分の力で守ることも、誇りある歴史と伝統を学校教育を通じて次代の子供たちに伝えることも、十分になしえてこなかった責任を強く自覚せざるを得ない。誇りある独立国家として復活するためには、このような『戦後レジーム』からの脱却を何としても成し遂げなければならない。」

　このように憲法改正を断行して戦後レジームからの脱却を宣言している、この「創生日本」の思想を背景にして安倍第二次政権は誕生したのです。

　第二点として、「政治の自由化の崩壊」も指摘しなければなりません。有権者の政権選択が可能となる競争的な政治システムは民主党政権の挫折とともに六年前に去っていきました。受け皿（オルタナティブ）として育ったはずの民主党がその政権運営の失敗から有権者に忌避され、政治そのものにうんざりした有権者が投票所に行かなかったり、二〇一七年一〇月の総選挙による野党分裂も含め、野党を敬遠している状況において、積極的な支持を得ていないのにもかかわらず自民党が勝ち続けることができる政治システムができあがってしまったのです。もとより小選挙区制という選挙制度による影響も大きいのですが、先の衆議院選挙で比例区においては全有権者の一七％の得票率しか獲得していない自民党が大多数の国会議員を擁する実態を招いていることを見ても明らかです。私たちはこの「悪の連鎖」をどこかで転換させなければなりません。

第八章　安保法制違憲訴訟はなぜ提起されたか

1　司法は明白な違憲状態を看過してはならない

安倍政権が、二〇一四年七月一日に集団的自衛権行使容認の閣議決定を行い、二〇一五年九月一九日の未明に強行採決によって新安保法制を成立させる歴史的暴挙を犯したことはすでに述べたとおりです。繰り返しになりますが、憲法改正という正規の手続を経ることなく、戦争への道を切り拓く憲法九条の実質的改定が内閣による「解釈改憲」という、前例のない政治的手法、しかも、それは法解釈ですらない虚偽による不正行為によって実現されるに至ったのです。

私たちは、安倍政権の憲法改正への策動が集団的自衛権容認の閣議決定という形で具体化してからは、安保法制を違憲とする憲法訴訟を提起できないか、真剣に検討を始めました。違憲訴訟の提起については、法曹界、とりわけ弁護士界において、「このテーマを現在の司法の場においてたたかうのは危険ではないか」「もし安保法制が裁判所によって合憲と認定されれば安倍政権を利するだけではないか」という意見が支配的であったことは事実です。

しかし、三権の一翼を担う司法が、一見して明白な違憲状態を看過するようなことになれば、そのこと自体三権分立制度の自殺を意味するものです。平和憲法そのものの破壊を座視するような司法は、とうてい民主国家における司法とは呼べないのみならず、最終的には国民の信頼をも失ってしまいます。私たちはこのように考え、心ある仲間とともに「安保法制違憲訴訟」を真正面から提起すべきであると考えるに至りました。

「過去に目を閉ざす者は現在においても盲目である」との言葉はドイツの元大統領ワイツゼッカー氏の演説文ですが、ドイツ近現代史研究者の石田勇治氏は『ヒトラーとナチ・ドイツ』（講談社現代新書、二〇一五年）と題する書籍において、文明国ドイツになぜヒトラー独裁政権が誕生したのか、その社会的背景を詳しく分析しておられます。私たちはワイマール体制を崩壊させて平和と人間の尊厳を奪い去った一二年間に及ぶナチ・ドイツ時代のことを決して忘却してはなりません。

2　違憲訴訟提起の経過と現状

手作り・手探り・手弁当で始められたこの違憲訴訟の道のりは、決して平坦なものではありませんでした。想像をはるかに超えた苦難の連続であったといってもよいと思います。日弁連やその他の民主的法律家団体の全国的組織としてさまざまな情報を共有しながら統一的な指示系統のもとに組織的に推進している運動とはまったく違っていました。

そうした状況下で、安保法制違憲訴訟は、二〇一六年四月の東京を皮切りとして福島、高知、長崎、大阪、岡山、埼玉、長野、神奈川、広島、福岡、京都、山口、大分、札幌、宮崎、群馬、釧路、鹿児島、沖縄、山梨、愛知の二二地方裁判所で二五件の訴訟が提起されております（原告七六一七名、代理人弁護士一六八五名（二〇一八年一二月二〇日現在））。

愛知で違憲訴訟の原告になられたノーベル物理学賞の益川敏英京都大学名誉教授は「憲法九条を守ろう。どんな小さな声でも集まれば大きな声になる。戦争ができる国になってからでは遅い、戦争が始まってからでは遅いのです。そのために憲法九条を守らなければならない。憲法九条にノーベル平和賞が贈られる日をぜひ見てみたいものです」とのメッセージを全国に送っておられます。

この間の全国各地の運動、そして一人ひとりの真剣な取り組みを、本稿において語り尽くすことはできませんが、私たちは沖縄での提訴について、どうしても語らざるを得ません。本書の読者が沖縄のことをどれほどご存知かわかりませんが、わが国の戦後における平和が沖縄の犠牲の上に存在していることは明らかな事実です。沖縄の米軍基地はこれまで憲法九条の規律が及ばない例外として存在し、返還後も日本国憲法の平和主義、国民主権、基本的人権の保障の基本原理が沖縄に定着することはありませんでした。米軍専用施設の約七〇%が沖縄に集中し、今、辺野古基地問題は鋭くわが国の安全保障の矛盾を暴き出しています。沖縄では、本土ではまったく報道されていない深刻な事態が惹起されていますが、沖縄の弁護士十数名は、普天間、嘉手納、高江、辺野古の各基地訴訟と平和活動家に対する人権無視の弾圧事件の対応に奔走している中で、安保法制のもとで戦争準備が前倒しで進められている沖縄の現状を看過することができないとの思いで、違憲訴訟提起に踏み切られたのです。人権擁護と平和憲法を死守するために、不眠不休の戦いを続けている沖縄の若手弁護士から、私たちは、深く学び、言葉の正しい意味での連帯を築いていかなければならないと思っています。沖縄県民の方々の戦争を憎み平和を求める熱い思いは、今でも私たちの魂を激しく揺さぶっています。

3　違憲訴訟の意義

違憲訴訟の意義は第一に、八〇年前のわが国の第二次世界大戦への参戦、二〇〇〇万人を超えるともいわれるアジアの民衆の命を奪い、わが国だけでも約三一〇万人の犠牲者を出した侵略戦争、そして長崎、広島の原爆や東京大空襲などの戦災を、暗黒の戦争の時代を決して繰り返してはならないとの強い思いを司法の場で確認することにあります。不誠実で無責任な安倍政権を許さない戦いが全国各地で広がっていますが、違憲訴訟は、これらの運動としっかり連帯して、わが国の立憲主義と知性を取り戻すための狼煙です。私たちはこれを高く掲げて前進しなければならない責務を負っています。

第二に、消極的司法＝国の政策を唯々諾々と追認する裁判所のあり方を根底から問い、三権分立の一翼を担う役割を裁判所に自覚させる必要があります。また、「司法に安保法制の判断をさせない」という、弁護士の一部にある消極的意識と姿勢にも問題提起がなされるべきと考えたのです。次章に指摘するように、最高裁は二〇一六年一二月に厚木基地と辺野古の二つの裁判で理不尽きわまる不当な判決を出しています。この事実を法律家たる者は直視しなければなりません。裁判所が自己規制を重ねつつ司法の独立を辛うじて維持しようとするのは制度上仕方ないとの見解があることを認識しつつも、そうした状態をいつまでも黙認していてはわが国の三権分立制度は根底から瓦解してしまいます。

第三に、わが国を戦争ができる国にしようと暴走する安倍政権を許さない力が私たち日本国民に蓄えられていることに確信を持ち、それを結集していく責任があることです。平和への大きな不安、貧困、差別、格差への怒りを結集し、多くの人々の心と力を一つにして、人間の尊厳と人権を無視する安倍政権に抗して、戦っていかなければならないと確信しています。違憲訴訟は、そうした国民運動の一環としての位置づけを有しています。

4　原告の方々の切実な訴え

ところで今回の安保法制違憲訴訟は弁護士が中心となって動き出したところが多いのですが、これを待ち望んで原告に加わられた方々は、弁護士が当初思いも及ばないような被害をこの安保法制によって受けていることを口々に示されました。空襲被害や原爆被害によって直接戦争被害を受けた方はもとよりご家族を失った方々は、惨状を脳裏に焼きつけたまま七〇年以上を生きてこられました。戦争は決して終わっていなかったのです。安保法制による再度の戦争の危険は、自らの恐怖を再燃させるばかりでなく、平和を願いながら亡くなった方との約束を果たせなくなるという無念さに繋がり、その身をさいなまれているのです。また、海外で憲法九条が果たしてきた平和の旗印がどれほどの力を持っていたかも学びました。全船を攻撃するといわれたイラン・イラク戦争の際には、日の丸を高く掲げることによりペルシャ湾を航行した日本船舶は攻撃を免れることができたのです。自衛官を経験された方々やご家族の切実な訴えも深刻なものがあります。戦後日本の平和主義というものが沖縄の人々の犠牲の上にあった事実もあらためて痛感させられました。それらを通して、私たちは失うものの大きさを知らなさ過ぎるとあらためて気づかされたのです。

違憲訴訟の法廷で魂を込めて必死に陳述される原告の方々や代理人をつとめる弁護士の一つひとつの言葉は、歴史の重大な局面に関わっている私たち違憲訴訟弁護団の役割の重要性と責任の大きさをあらためて知らしめるものでした。人間の尊厳と平和に関わる重要な問題を、訴訟に携わる一部の者だけのものにしてはならない、広く深く、多くの国民・市民のみなさんと共有して、これからの日本という国のあり方を一緒に考えていく必要があります。これは私たちがぜひ読者のみなさんにお伝えしたいところです。

これまで全国で展開されている違憲訴訟の全容をご紹介することはできませんが、全国に先駆けて審理されてきた東京地方裁判所の国家賠償請求訴訟、差止訴訟では二三名の原告の方々が本人尋問において陳述されました。原爆と東京大空襲の被災者、基地周辺の住民、障害を持つ市民、原子力技術者、元自衛官、航空機長、鉄道員、ジャーナリスト、憲法学者や教育学者からの生々しい告発は戦争の恐るべき恐怖と再びその悲惨な政策の準備が着々と進められていることへの恐怖を証明するものでした（二〇一八年八月に岩波書店から刊行された『私たちは戦争を許さない』をぜひご覧ください）。

第九章　司法の現状と問題点

1　日本国憲法が司法に託した役割

明治憲法のもとでは司法権は「天皇ノ名ニ於テ」行われ、裁判所は司法大臣の監督を受けていました。政治部門からの独立が保障されていない司法制度のもとで、権力による人権侵害や言論統制が行われ、戦争に突入していったのです。

日本国憲法は、司法の独立を明記し、司法権に違憲立法審査権を与えました。人権を保障するためには、政治部門から独立した裁判所による公平な裁判が不可欠です。そしてこのように政治部門から独立した裁判所に、「憲法の番人」としての役割を与えたのです。憲法は、国民・市民の権利を守るために権力を縛るものです。その憲法の番人が権力に自由に操られては国民・市民の権利を守ることはできません。司法の独立は、憲法の大黒柱となる大事な原則です。

2　司法の危機は平和の危機

司法による人権保障と憲法保障の実現を目指した日本国憲法のもとで、司法の独立が危機に瀕したことは何度もありました。

最も有名な例は、一九五九年の、砂川事件最高裁判決です。第一審の東京地方裁判所判決（伊達判決）は、在日アメリカ軍の駐留を憲法九条違反と断じました。この伊達判決は最高裁によって破棄されましたが、当時の田中耕太郎最高裁長官は、事前にアメリカ駐日大使と密談し、伊達判決の破棄を約束していたことが、アメリカに保存されていた公文書から判明しています。田中長官は、司法の独立をかなぐり捨てて政治にすり寄ったのでした。

また戦後司法の歴史の中で、一九六九年、自衛隊ミサイル基地をめぐる長沼裁判の審理過程で起きた、平賀書簡事件やこれを契機とする裁判官への統制強化（「ブルーパージ」と呼ばれます）は大きな汚点でした。平賀書簡事件とは、自衛隊ミサイル基地建設の是非を問う長沼裁判を担当した福島重雄裁判長に宛てて、平賀健太札幌地方裁判所所長（当時）が、「申立ては却下されるべきで国の主張を認めるべきである、自衛隊の合憲性を裁判所は判断すべきではない」との趣旨のメモや書簡を書き送っていたという事件でした。これが裁判官の独立を害するものであることは明らかです。平賀所長は東京高裁に異動になりました。ところが福島裁判長は秘密の私信を公開したと非難されて注意処分となり、さらに最高裁当局による青年法律家協会所属裁判官への脱退勧告、裁判官の再任拒否など、裁判官の思想信条への統制が強まっていきました。

これらの司法の独立が侵された事件は、砂川事件や長沼裁判など平和憲法を形骸化するための動きとの闘いのなかで起きました。戦争への道に大きく立ちはだかっているのが憲法九条であり、その憲法の番人は裁判所です。憲法九条の平和主義を突き崩すためには、どうしても裁判所を抱き込まなければならないのです。

ですから、憲法九条が死ぬ時は裁判所が死ぬ時である、といっても過言ではありません。

二〇一五年に安保法制が強行採決されて以来、最高裁判所は明らかに政治部門にすり寄るような判決を次々と出しています。二〇一六年一二月、最高裁は、厚木基地訴訟で自衛隊機の飛行差し止めを一部認めた東京高裁判決を覆して住民を敗訴させました。最高裁は自衛隊機運行に高度の公共性、公益性があるとして住民の騒音被害救済を拒みました。同じ月に、最高裁判所は沖縄辺野古基地建設をめぐる訴訟で、沖縄県を敗訴させましたが、それは福岡高裁那覇支部の判決からわずか三か月という異例のスピード判決でした。この点は後述します。二〇一六年の参議院議員選挙の投票格差をめぐる訴訟では、最高裁はこれまでの違憲状態判決から大きく後退し、三倍を超える投票格差を合憲としました。これは一人一票ならぬ一人〇・三三票しか保障されない状態を容認するもので、国民主権の観点から到底許されるものではありません。ここからも最高裁の政府に対する「忖度」がうかがわれます。

最高裁判事の人事も見過ごせません。二〇一七年に最高裁判事に任命された山口厚氏は、弁護士出身とされていますが、本来は刑法研究者です。前任の弁護士出身判事の後任として日弁連が推薦した名簿には掲載されていませんでした。人事を通じた支配は、官僚を支配するための常套手段です。もはや裁判所の独立は風前の灯のようです。二〇一五年の安保法制制定以後、司法の独立は新たな危機を迎えているのです。

3　辺野古訴訟で裁判所は役割を果たしたか

普天間基地建設をめぐる辺野古訴訟について少し詳しく見てみましょう。

（1）辺野古訴訟の概要

米軍普天間飛行場（沖縄県宜野湾市）を名護市辺野古に移設することが計画されています。普天間の住民に及ぶ危険を取り除くためだといわれています。そのためには、辺野古の沿岸部の埋め立てなければならないというのが政府の言い分です。二〇一三年に、当時の仲井眞《なかいま》弘多《ひろかず》知事は、国による埋め立て申請を承認します。しかし、辺野古基地建設に反対して当選した次の翁長《おなが》雄志《たけし》知事は、その承認を取り消します。国は取り消しを撤回するよう是正指示を出しましたが応じなかったため、応じないことが違法であることの確認を求め、国は福岡高裁那覇支部に裁判を起こしました。

二〇一六年九月一六日、同支部は、「国の計画が不合理でなければ知事は尊重すべきだ」とし、「普天間の危険を除去するには、辺野古に新施設を建設するしかない」と述べ、仲井眞知事の承認は違法ではないから、それを取り消した翁長知事の行為は違法であると判断します。

これに対して沖縄県は上告しますが、二〇一六年一二月二〇日、最高裁判所第二小法廷判決により、県側の敗訴が確定します。

判決内容は、基本的には高裁判決を踏襲するものでした。

すなわち、判決は、仲井眞知事が普天間の危険性を取り除くことが重要な課題だと考え、沿岸を埋め立てれば住宅地の上空を飛行機が飛ばなくなること、環境への影響も検討していたことなどを考慮し、「判断の過程や内容に不合理な点はない」とします。そのうえで、翁長知事による承認取り消しが「問題のない前知事の承認を、違法として取り消したもので違法だ」としたのです。

（2）辺野古訴訟をどう見るか

こうして最高裁は、弁論すら開かずに国の言い分を全面的に認めました。一審からわずか三か月での最高裁判決はいかにも、新基地建設を早急に進めたい国の意向に沿ったものに思えてなりません。私たちには、先に指摘した砂川事件一審判決に対して、米国の意向から跳躍上告をしたうえで、翌年の安保改定に間に合うように一二月にスピード判決を下した最高裁の姿が重なって見えます。

今回、最高裁判決は、基本的に高裁判決に同調しただけのものなので、判決の方向性を決めたのは二〇一六年九月一六日の高裁判決といえます。この判決は、仲井眞知事が行った承認を、政策的な側面に立ち入って強く支持しています。

ノドン（北朝鮮の中距離ミサイル）で狙われるのが日本では沖縄などごく一部であること、海兵隊を沖縄から移設すれば機動力、即応力が失われることなどをあげながら、県外ではなく沖縄に米軍基地を置くとする国の判断には合理性があり、尊重すべきだとします。逆に、翁長知事の承認取り消しについては、辺野古基地建設反対の民意には適うが、基地負担軽減を求める民意に反し、さらに「日米間の信頼関係を破壊するもの」だとし、普天間基地の危険除去のためには辺野古基地建設が唯一の道だと言い切りました。

こうした判断の仕方は、裁判所が政治から距離をおくどころか、むしろ裁判の客観性・公平性をかなぐり捨て、ミサイルの射程距離や海兵隊の活動能力から日米関係にいたるまで政策判断に裁判所が介入し、国策推進の片棒を担いだきわめて政治的なものでした。

（3）なぜこういう判決が示されたのか

高裁で裁判長を務めた多見谷寿郎氏は本件訴訟が提起されるわずか一八日前に、東京地裁立川支部の部総括判事（裁判長）から慌ただしく異動してきました。多見谷判事は成田国際空港会社（国営）が反対派農民の土地明け渡しを求めた国策色の強い裁判に、国側の勝訴判決を下してきた裁判実績があります。裁判官の異動は通常三年ごとであるのに、多見谷判事の立川支部の部総括判事の在任期間が一年二か月と短く、前任の須田啓之判事もわずか一年で那覇支部長を終えて宮崎地家裁の所長に転じていて不自然です。

4　裁判の独立と裁判官人事、裁判官の言論の自由への統制

不可解な人事、というのは決してこれらだけではありません。

私たちが行っている安保法制違憲訴訟で、東京地裁担当部の担当裁判官はわずか一年一〇か月の間に次から次へと交替しました。原告本人尋問直前になって、最初から事件を担当してきた裁判官が交替し、しかも調べてみると人事異動でもなく、同じ担当部に在籍したまま、という奇妙なことが起こりました。

このような不可解な人事は、国の政策の当否を争う原発訴訟で起きています。二〇一五年四月、

福井地方裁判所は高浜原発の運転を差し止める仮処分決定を行いました。この決定を出した樋口英明裁判官（当時）は名古屋家庭裁判所に異動しますが、後任として福井地裁に赴任した裁判官はいずれもエリートといわれる最高裁判所事務総局経験者でした。彼らが下した判断は、もちろん差止め決定を覆して原発の運転を容認するものでした。

5　今、司法に求められること、司法がなすべきこと

これまで、裁判所が積極的な憲法判断を避けてきたことの背景には、内閣法制局が法案審議に際して厳格な憲法適合性判断を行ってきたことがあります。しかし、今日もはやその前提は成り立ちません。なぜなら内閣法制局は官邸に長官人事に介入されて、政府から独立して法案を審議する機能を失ってしまったからです。さらに、国会の法案審議も形骸化してしまいました。これまで、自公政権が強行採決した重要法案は、特定秘密保護法（二〇一三年）、安保法制法（二〇一五年）、TPP関連法（二〇一六年）、共謀罪（二〇一七年）、働き方改革（二〇一八年）、入管法改正（二〇一八年）と枚挙にいとまがありません。国会は民主的な討議の場ではなく、内閣が提出する法案を追認する単なるセレモニーの場に成り下がったのです。

政治部門が混迷している今日、国民の権利を擁護し、この国のかたちの根本である憲法を守るために司法が果たすべき役割は、一層大きくなっています。

古い話で恐縮ですが、一九七一年一〇月、先に述べた平賀書簡事件から始まった司法の危機に際し、日本全国の裁判官が司法のあり方を問うために、全国裁判官懇話会を開催しました。その

場に著名な民法学者である我妻栄教授が招かれて講演を行っていますが、我妻教授は、その講演終了後、質疑応答の中で、「裁判が政治に迎合してはいけないのか」という質問に答えて次のように述べています。

「……戦後にできた憲法と言うものは、すばらしく社会的に進んでいる。あらゆるものにストライキ権を認めたり、労働三権を認めたり、教育権を認めたり、憲法二五条の福祉国家であることというのは、あれは非常に進んだものである。ところが、日本の政府はどうかというと、その施策は朝鮮事変を境としてだんだん逆行してきた。それは警察に関する立法でも教育に関する立法でも、退歩また退歩である。憲法と政治の関係は逆である。憲法の方が進んでいて、政治・行政の方がずっと遅れている。だから、そのときに違憲立法審査をする機関として、裁判所は相当悩むこともあるだろうと思う。そこで、あなたの言われる意見のように、政治に密着することがかえって国のためじゃないかという疑問が起きてくるわけだろうと思う。憲法は世間知らずで、あまりにも理想を宣言している。しかし、世の中はそうはいかん。そこで、政治はそれを少しずつモディファイしてるんだ。したがって、裁判官もそれを是認してやるほうが国のためになるんじゃないかという考え方が起きてくる余地があるだろうと思う。だがしかし、それじゃせっかくの憲法を政府のやり方でゆがめてしまって、憲法をないがしろにすることになってしまう。そのあたりの調整こそは、われわれ学徒の当面している根本的な問題であることは確かである。」（裁判官懇話会編「裁判の独立のために」〔一九七五年、判例時報社〕四一頁）

これはきわめて大事な示唆です。せっかくの憲法を政府のやり方で歪めてしまう、とはまさに二〇一四年七月一日の閣議決定による解釈改憲のことです。立法が退歩また退歩、とは、教育基本法改悪から始まり、すでに述べた特定秘密保護法、安保法制法、共謀罪の強行採決にほかなりません。我妻教授が指摘した問題状況は、今まさに現実に起きています。政治部門が国民のための機能を果たさなくなってしまった今日、司法が果たすべき役割はますます大きくなっているのです。

日本国憲法前文は、「政府の行為によつて再び戦争の惨禍が起ることのないやうにすることを決意し、ここに主権が国民に存することを宣言し、この憲法を確定する。」と宣言しています。戦争をするのは政府なのです。「政府の行為」によって行われる戦争を阻止するのは国民なのです。そして憲法を守り国民を守るのは司法の役割なのです。

司法が憲法を守り平和を守る、ということは、憲法前文からいえばきわめて当たり前のことです。当たり前のことを当たり前に守ることが、司法の役割なのではないでしょうか。

第一〇章　国民と世界へのメッセージ

今や世界はアメリカ、ヨーロッパ、アジア、中東、アフリカなど、ますます不透明で粗野かつ知性なき時代に突入しつつあります。そしてわが国の政権は平和憲法を敵視して、外国の軍事優先戦争政策に追随する姿勢をますます強めています。しかし、私たちはそれにいささかも動じることなく、戦後約七四年、「一人も殺し、殺されなかった」という平和国家を担保してきた日本国憲法九条を、一人ひとりの国民・市民のものとしてさらに内実化し、それを現実の政治に反映させていくことが何よりも求められていると考えています。

今年は憲法施行七二年にあたります。安保法制制定過程においては、多くの国民・市民が、年齢、職業、政治的信条などを問わず、政権に憲法価値を守らせるべく全国各地で声を上げました。安保法制の制定後もそうした国民・市民の声は絶えることなく、むしろより大きく具体的な反対の声となって全国各地で拡大し続けています。安保法制違憲訴訟も今なお続く全国各地での安保法制反対運動と強く連携しながら、日本の立憲主義をさらに強固なものにし、国民・市民が自ら主体的に行動して憲法価値を実現していく戦いの手段となっていると確信しています。

私たちは今、あらためて日本国憲法前文にうたわれている「日本国民は、恒久の平和を念願し、人間相互の関係を支配する崇高な理想を深く自覚するのであつて、平和を愛する諸国民の公正と信義に信頼して、われらの安全と生存を保持しようと決意した。われらは、平和を維持し、専制と隷従、圧迫と偏狭を地上から永遠に除去しようと努めてゐる国際社会において、名誉ある地位を占めたいと思ふ。われらは、全世界の国民が、ひとしく恐怖と欠乏から免かれ、平和のうちに生存する権利を有することを確認する。

われらは、いずれの国家も、自国のことのみに専念して他国を無視してはならないのであつて、政治道徳の法則は、普遍的なものであり、この法則に従ふことは、自国の主権を維持し、他国と対等関係に立たうとする各国の責務であると信ずる。日本国民は、国家の名誉にかけ、全力をあげてこの崇高な理想と目的を達成することを誓ふ」という文言の意味を深く噛みしめるべきであると思っています。

世界大戦とそれに引続く冷戦によって「戦争の世紀」と呼ばれた二〇世紀が終わって、二一世紀は平和の時代の到来と期待されましたが、それはまったくの幻想でした。世界各地で戦争が泥沼化して多くの人々の尊い命が奪われており、各国は軍備拡張政策に奔走し、核戦争勃発の危険性さえ叫ばれています。明石康元国連事務次長でさえつい先日、「今や日本も軍拡路線を歩んでいる」と発言するに至っています。国民の知らないところで驚くべき事態が進行しているのです。

そうした中で私たちはアジア太平洋戦争への深い反省に基づき、政府に恒久的な非戦を命じ、世界中の人々にそのことを高らかに宣言した日本国憲法九条の理念がいかに崇高なものであったかをあらためて思い知らされています。むしろ、今こそ憲法九条を活かし、それぞれの国が軍拡路線に陥るのではなく、まさに冷戦前後と現在を画する国際的な環境変化である経済社会の一体化、融合化の進展などをふまえ、憲法九条が指し示す平和主義と国際協調に基づく平和創造による営みを、日本がリーダーシップを発揮し、地域レベル、世界レベルで粘り強く推進していくべき時なのです。これこそが、「日本国民は、国家の名誉にかけ、全力をあげて達成することを誓ふ」としている平和憲法の目的ではないでしょうか。

そこで私たちはこのかけがえのない平和憲法を死守して、世界中の平和を愛する人々と連帯の輪を広げていくことが不可欠だと考えて、今回、この小冊子を刊行することを決意いたしました。今と将来を生きる人々と過去の戦争犠牲者の尊厳に何ら思いを馳せることなく、国民市民を法解釈ですらない不正行為の虚偽で欺き、その声に何ら耳を傾けないで強行してきた、卑怯で姑息としか言いようがない「集団的自衛権容認の解釈改憲」と「憲法九条への自衛隊明記」の策謀は断じて許すことはできません。

私たちは、国民市民のみなさんにこうした恐るべき事態に対して共に立ち上がり、一緒に行動することを願ってやみません。

《著者紹介》

寺井一弘《てらいかずひろ》

1970年弁護士登録、日本弁護士連合会（日弁連）常務理事、東京弁護士会副会長、日弁連刑事弁護センター委員長、日弁連事務総長、司法試験管理委員会委員、日本司法支援センター（法テラス）理事長、安保法制違憲訴訟全国ネットワーク代表、著書『まちづくり権』（花伝社）、『西欧諸国の法曹養成制度』（日本評論社）、『刑事弁護の技術』（第一法規）、『アメリカの刑事弁護制度』（現代人文社）、『法テラスの誕生と未来』（日本評論社）

伊藤《いとう》　**真**《まこと》

1981年司法試験合格。その後、真の法律家の育成を目指し、司法試験の受験指導にあたる。伊藤塾塾長、法学館憲法研究所所長。日本国憲法の理念を伝える伝道師として、講演・執筆活動を精力的に行う。弁護士として、「1人1票実現運動と裁判」や「安保法制違憲訴訟」で奮闘中。NHK「日曜討論」「仕事学のすすめ」等マスコミなどにも多数登場。専門書、一般書著書多数

小西洋之《こにしひろゆき》

参議院議員、参議院憲法審査会委員、日本公法学会・全国憲法研究会・憲法理論研究会会員、著書『私たちの平和憲法と解釈改憲のからくり――専守防衛の力と「安保法制」違憲の証明』（八月書館）、『日本を戦争する国にしてはいけない――違憲安保法案「ねつ造」の証明』（WAVE出版）、『いじめ防止対策推進法の解説と具体策』（WAVE出版）

平和憲法《へいわけんぽう》**の破壊**《はかい》**は許**《ゆる》**さない**――なぜいま、憲法《けんぽう》に自衛隊《じえいたい》を明記《めいき》してはならないのか

2019年1月30日　第1版第1刷発行
2019年4月20日　第1版第3刷発行

著　者　寺井一弘、伊藤　真、小西洋之
発行所　株式会社　日本評論社
〒170-8474　東京都豊島区南大塚3-12-4
電話　03-3987-8621（販売）　-8592（編集）
FAX　03-3987-8590（販売）
振替　00100-3-16　https://www.nippyo.co.jp/
印刷所　精文堂印刷
製本所　難波製本
装　幀　銀山宏子

ISBN978-4-535-52414-9　Printed in Japan